눈 떠보니
NFT 마스터

NFT(Non-Fungible Token) 활용 가이드

최재용·안유미·김수연·김주현·김영호 공저

光文閣
www.kwangmoonkag.co.kr

| 머리말 |

전 세계적으로 메타버스(확장 가상세계) 열풍이 강하게 불었고, 그 중에서도 가장 '핫(Hot)'한 분야가 바로 'NFT(대체불가능토큰)'이다. 이는 '돈을 벌 수 있다'는 점 때문으로 보인다.

이제는 영화와 음악, 출판물, 그림, 사진, 음원 등 창작물과 예술 작품, 기사에 심지어 방귀소리까지 대중들이 좋아한다면 어떤 콘텐츠든 모두 수익으로 연결시킬 수 있다. 즉 이런 콘텐츠들이 바로 제품이 될 수 있다는 얘기이다.

그래서 정부는 메타버스 플랫폼 발굴을 위해 생활·관광·문화예술·교육·의료·미디어·창작·제조·오피스·정부 등 10대 분야 추진과제를 마련하고 콘텐츠 산업 육성을 위한 맞춤형 사업을 지원한다는 방침도 세웠다.

지속가능한 생태계 조성을 위해 국민 누구나 아이디어, 기록물 등 무형의 디지털 창작물을 NFT로 생성할 수 있는 바우처(전표)를 지원하겠다고 했다. 아울러 메타버스 활용 분야에 블록체인(분산 장부) 기술을 적용하는 시범 사업을 추진하는 등 디지털 창작물의 안전한 생산·유통을 도울 예정이다.

실제 존재하는 예술 작품은 원본과 복사본 구분이 가능하고 현실적으로도 소유권이 보장될 수 있다. 하지만 디지털 영역은 문제가 다르다.

원본 이미지 파일이 무한대로 복사돼 나돌아 다니기 때문에 돈 한푼 들이지 않고도 원하는 만큼 손에 넣을 수 있다. 그렇기에 희소성이란 있을 수 없다. 원본 소유에 대한 의미와 가치 부여도 어렵다.

다시 말하면 감독 기능이 없어 디지털 아이템들은 원본의 진위 여부를 판단하기도 힘들다는 것이다. 판매와 유통 경로도 추적이 불가능해 창작자 소유권에 대한 수익의 흐름도 지켜줄 수 없다.

NFT가 각광을 받는 것도 이런 이유 때문이다. '소유권 증명서' 역할을 하기에 인터넷 역사상 처음으로 '디지털 원본'에 대한 증명이 가능해졌다. 디지털 파일의 희소성 가치를 비로소 NFT를 통해 갖게 된 것이다.

원본 파일을 NFT로 갖고 있으면 소유자가 세상에 딱 1명이란 사실을 블록체인 상에서 증명할 수 있다. 소유권이 보장된 상태에서는 반대로 복사본이 많이 공유될수록 원본의 희소성은 높아지고 가치는 올라간다.

이처럼 NFT 기술의 등장으로 디지털 소유권의 개념과 원리가 바뀌면서 창작자들은 자기 창작물에 대한 금전적 보상과 가치를 인정받을 수 있게 됐다. NFT를 통해 무명의 예술인도 자신의 작품들을 쉽게 공개하고 수익화할 수 있는 길이 열린 것이다. 무명의 예술가와 작가, 창작자들이 어떻게 고가의 갤러리를 임대하고 자신의 작품을 세간에 내놓을 수 있겠는가.

대한민국의 우수한 'K-콘텐츠'를 NFT로 안전 장치를 만들고 문화예술인들의 작품 즉 콘텐츠를 전 세세에 알리고 수익화헤 그 가치도 증명할 수 있기를 기대하면서 과학기술정보통신부 인가 사단법인 한국NFT협회에서는 NFT강사 양성과정을 진행해왔다. 이런 과정에서 이 책 출간을 위해 저자로서 최재용, 안유미, 김수연, 김주현, 김영호 등 다섯명의 연구진이 뜻을 함께 했다.

이 책은 NFT 기초부터 정복하기까지 전 과정을 쉬운 문체와 사례 그리고 특히 실전에서는 이미지 중심으로 이미지만 봐도 쉽게 사용 방법을 터득할 수 있도록 상세히 썼다.

이 한 권의 책만 읽어봐도 NFT에 대한 개념에 대해 구조가 정립될 것이다. 또한 책을 보며 열심히 따라 하다 보면 나도 모르게 NFT 아티스트가 된 자신을 발견할 것이라 자부한다.

끝으로 이 책의 출판에 힘써주신 광문각의 박정태 회장님과 임직원 여러분께도 감사의 말씀을 전한다.

2022년 08월 과학기술정보통신부 인가 사단법인 한국NFT협회 최재용 협회장

|목차|

5장 NFT 발행/판매 등록/작품구매(Minting/Listing/Buy)　137

1

NFT(Non-Fungible Token)란?

01 NFT 개념 이해

NFT는 Non-Fungible Token의 줄인 말로 대체가 불가능한 토큰이라는 뜻이다.

단어의 사전적 의미를 보자면 'non'은 명사, 형용사, 부사 앞에 붙여 '비(非), 불(不), 무(無)'의 뜻을 나타낸다.

'Fungible'은 같은 타입과 가치로 교환이나 대체가 가능한 것을 의미한다. 그러므로 Non-Fungible은 대체가 안 되는 것을 뜻한다.

'Token'은 화폐 대신 사용할 수 있는 동전처럼 생긴 주조물을 말한다. 프로그래밍에 사용되는 토큰이라는 개념도 있지만 여기에서는 코인과 대비되는 개념으로 토큰을 이해하면 되겠다.

NFT란 세상에 하나밖에 없는 고유하고, 다른 것으로 대체될 수 없는 유일한 것으로써, 블록체인 기술을 이용하여 거래 내역이 검증되고, 원본임이 증명되는 디지털 인증서 파일이라고 할 수 있다. 창작자가 누구인지, 누가 구매를 하였는지 거래 내역이 투명하게 증명되고, 소유자가 누구인지도 알 수 있다.

2015년 이더리움이 세상에 등장하면서 개발자 회의인 '데프콘(Defcon)'에서 NFT가 처음 언급되었다. 그 후 2017년 디지털 아트 스튜디오인 '라바랩스(Larva Labs)'에서 크립토펑크(CryptoPunks) NFT를 1만 개 발행했다. 처음에는 별로 관심이 없었으나 NFT가 이슈가 되면서 고가에 거래되었고, 단순한 컬렉션 소장뿐만 아니라 프로필로 사용하기도 한다. 코비드19의 여파로 마스크를 쓴 코비드 외계인은 약 138억 원에 낙찰되기도 했다.

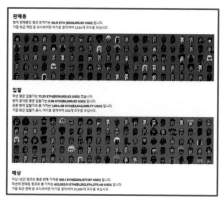

[그림 1-1-1] 크립토펑크 (출처: https://www.larvalabs.com/cryptopunks)

참고로 현재 판매 중인 펑크 최저가는 약 10만 달러이고, 작년 평균 입찰가는 약 14만 달러이다.

한편 대퍼랩스(Dapper Labs)에서는 고양이 NFT를 수집하고 키우면서 교배를 통해 또다른 고양이를 만드는 게임을 출시했다.

게임을 하면서 돈을 벌 수 있어서 P2E(Play to Earn)의 대표적인 사례로 꼽힌다. 게임을 하면서 돈도 벌 수 있기는 하지만, 초기에 고양이 구매 비용과 교배하기 위해 지불해야 하는 금액 부담이 있으며, 고양이를 팔 때는 구매할 때보다 비싼 수수료를 지불해야 하는 것이 문제점으로 지적되고 있다.

[그림 1-1-2] 크립토키티 (출처: https://www.cryptokitties.co)

이렇듯 초기 NFT는 다소 한정적이고 일부 팬덤을 가진 분야이었는데 2020년 말부터 소위 '큰손'들이 뛰어들면서 투기적 관심까지 더해진 시장이 되었다.

2021년 3월 11일 뉴욕의 크리스티 경매에서 NFT 아트 중 가장 비싼 작품이 거래되었다.

2007년 5월부터 약 14년간 매일 작품을 그린 '비플(Beeple)'의 작품 '매일: 첫 5,000일'이 6,934만 달러(한화 약 785억 원)에 낙찰되었다. 컴퓨터 학과를 졸업한 웹디자이너 출신의 비플이 매일 그린 JPG형태의 그림 파일 5,000개를 모아서 만든 디지털 아트이다.

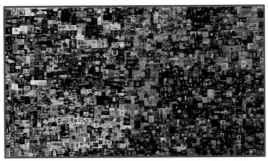

[그림 1-1-3] 비플(Beeple, Everydays: The first 5000 days)

[그림 1-1-4] NBA TopShot

비플의 작품이 디지털 아트 역사상 최고가로 팔리는 시점을 계기로 수많은 사람들이 NFT에 관심을 갖게 되었고, 얼마 후 폭발적인 성장을 하게 되었다.

2) FT vs NFT

대체 불가한 토큰이라는 개념에 좀 더 쉽게 접근하기 위해 대체 가능한 토큰과 비교해 보자.

내가 가진 1만 원짜리 지폐는 다른 사람이 가진 1만 원권 지폐와 같은 가치이며 서로 교환이 가능하다. 언제 어디서든 같은 가치로 대체 가능하며, 그 대체 가능한 개수도 무수히 많이 존재한다. 즉 내가 가지고 있는 1만 원권 지폐는 대체 가능한 재화이다.

그러나 내가 살고 있는 아파트는 같은 지역, 같은 브랜드의 아파트라 하더라도 모두 제각각 다른 집이다. 부동산은 모두 대체가 불가능한 것이며 하나밖에 없는 고유의 자산이다.

공장에서 똑같이 만들어 낸 야구모자도 같은 가격에 팔리겠지만, 유명한 야구선수의 사인을 모자에 받았다면 그 모자는 평범한 다른 모자와 다른 가치를 갖게 되고, 하나밖에 없는 고유한 것이 된다.

대체 가능한지 대체 불가인지를 가늠하는 가장 큰 차이점은 상호 교환 가능 여부이다.

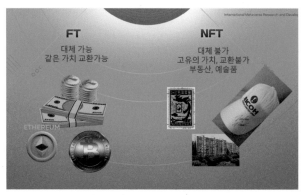

[그림 1-1-5] FT vs NFT

FT(Fungible Token)은 개별 토큰의 가치가 모두 같기 때문에 상호 교환이 가능한 토큰을 일컫는다. 우리가 잘 알고 있는 이더리움, 비트코인 등이 FT에 해당된다.

FT는 소수점 단위로 분할이 가능하고, 송금이나 거래에 주로 사용되며, 소유권을 명기할 수 없다.

토큰을 발행하기 위해서는 적어도 하나의 규약을 따라야 하는데 FT는 ERC-20이라는 규약에 따라 발행된다.

이와 비교되는 NFT의 특징은 다음과 같다.

NFT는 개별 토큰의 가치가 모두 다르기 때문에 상호 교환이 불가능하다. 부동산, 실물 자산, 게임 아이템, 수집품, 예술작품 등이 여기 포함된다.

대체 불가능한 토큰이 각개의 특징을 담고 있고, 창작자, 소유자에 대한 정보를 기입하는 방법을 통해 소유자를 명시할 수 있다. 소수점 단위로 분할할 수 없지만, NFT에 대해 대체 가능한 토큰 n개를 발행하여 그에 대한 소유권을 1/n의 형태로 나눌 수는 있다.

또한, 토큰에 담긴 정보에 대한 출처, 발행 시간, 횟수 등을 확인할 수 있어서 추적이 용이하다.

고유권이나 진위 확인에 활용되며 ERC-721이라는 규약에 따라 발행된다.

[표 1-1-1] FT vs NFT

	FT	NFT
상호 교환	가능	불가능
복제	가능	불가능
분할	소수점 단위 분할 가능	소수점 단위 분할 불가능
소유권	알 수 없음	알 수 있음
예시	비트코인, 이더리움	부동산, 예술품, 실물 자산 게임 아이템
사용	송금, 거래 등	소유 증명, 진위 확인
규약	ERC-20	ERC-721

FT의 기능과 NFT의 기능을 합친 토큰으로 SFT가 있다.

Semi-Fungible Token의 약자로, FT와 NFT를 하나의 스마트 콘트랙트에서 관리할 수 있도록 도와준다.

초기의 SFT는 다른 동일한 SFT와 거래될 수 있다.

예를 들면 편의점의 초콜릿 상품권은 동일한 가격과 만료 날짜를 가진 커피 상품권과는 교환이 가능하다. 그리고 일단 교환이 되면, 대체 가능한 FT의 액면가를 상실한다.

한 예로 BTS의 공연 티켓을 SFT로 발행했다면, 이 토큰은 입장권으로 사용되지만, 공연이 끝난 후에는 더 이상 입장권으로 사용되지 못한다. 즉 사용이 끝난 토큰은 다른 유효한 토큰과 교환할 수 없게 된다. 하지만 이렇게 사용한 토큰은 기념품으로서 가치를 지니게 되는 것이다.

이러한 특성 때문에 SFT는 게임 산업이나 예술 공연 분야에서 매우 유용하다.

3) | COIN vs TOKEN

암호화폐가 활성화되면서 비트코인, 이더리움, 리플, 도지코인 등 많은 코인이 계속 생겨나고 있고 주식처럼 많은 거래가 일어나고 있다. 코인이란 말도 많이 들어 보았고 토큰이라는 단어도 많이 회자하지만, 둘 사이의 정확한 차이는 무엇인지는 잘 모르는 경우가 많다.

코인은 영어로 동전을 뜻하는 단어이다.

500원짜리 동전을 500원짜리 코인이라고 부르듯이 코인은 그 자체가 화폐로서 지급 수단으로 쓰이기도 하고, 거래도 하며, 현금화도 가능하다. 500원짜리 동전으로 500원짜리 사탕을 살 수도 있고, 500원짜리 과자를 살 수도 있다. 그 자체로 500원의 가치가 있으며, 500원어치의 지급 수단으로도 쓰이는 것이다. 그리고 기술적으로 자체의 독자적인 블록체인을 가지고 있다. 즉 코인은 독자적으로 혼자서 다 할 수 있다고 이해하면 쉽겠다.

반면 토큰은 자체 블록체인을 가지고 있지 않다. 다른 코인의 블록체인을 활용한다. 토큰의 형태로 사용은 가능하지만, 코인처럼 다른 코인과의 거래나 현금화는 불가능하다. 예전에 버스 토큰이 있던 때가 있었다. 버스 요금이 120원이라면 현금 120원을 내도 되고 120원짜리 버스 토큰을 내도 된다. 120원짜리 버스 토큰은 버스 요금을 지급할 때만 사용 가능해서 120원짜리 다른 물건을 구매하는 비용으로는 사용이 불가능하다.

[그림 1-1-6] Coin vs Token

모든 코인은 토큰으로 볼 수 있지만, 모든 토큰이 코인으로 간주될 수는 없다.

토큰은 디지털 화폐 이상의 기능을 제공하며, 의사 결정이나 플랫폼의 기술적인 변경 시항 등 참가자가 투표하는 데 사용될 수 있다. 플랫폼 코인 위에서 작동하는 댑(dApp)의 암호화폐는 코인이라 부르지 않고 토큰이라고 구별하여 부른다.

토큰은 주로 프로젝트 내의 유틸리티 암호화 디지털 자산으로 사용되는데, 특정 액션에 대한 보상을 하거나 자금 조달, 요금 지급하는 데 사용된다. 토큰은 크게 유틸리티 토큰, 트랜젝션 토큰, 시큐리티 토큰, 대체 불가능 토큰, 거버넌스 토큰 등 다섯 가지 유형으로 분류된다.

02 블록체인 쉽게 이해 하기

1) 블록체인이란?

블록체인이란 거래내역과 데이터가 저장된 블록이 체인 형태로 연결되어 있는 것을 말한다.

안 선생과 김 선생 사이에 거래를 예로 들어보겠다. 안 선생이 김 선생에게 돈을 송금하고 거래장부를 공유했다. 이때 지인들에게도 장부를 공유해서 거래명세를 증명한다. 여러 사람에게 장부가 분산되어 저장되어 있으므로 위변조가 불가능하고 누구나 볼 수 있다.

이 거래를 트랜잭션이라고 하며, 작성된 장부들은 블록, 이전의 다른 블록과 체인처럼 분산 연결하여 P2P 방식으로 공유한 것을 블록체인이라고 한다. 블록체인 기술은 비트코인을 비롯한 대부분의 암호화폐 거래에 사용된다.

즉 거래 내역이 전 세계 수백만 대의 컴퓨터에 분산 저장되어 작업 증명이 가능하고, 위변조가 불가능한 것이다.

트랜잭션을 기록하고 자산을 추적하는 프로세스를 효율화하는 불변의 공유 원장으로 유형자산(주택, 자동차, 현금, 토지) 또는 무형자산(지적재산권, 특허, 저작권, 브랜드)이 그 대상이다.

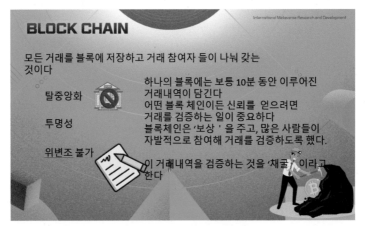

[그림 1-2-1] 블록체인 특징

2) | 블록체인의 원리

블록체인의 작동 원리는 다음과 같다.

① 블록 구성

여러 트랜잭션을 묶어서 하나의 블록에 보관한다.

이 트랜잭션은 유형(제품) 또는 무형(지식)자산의 이동을 보여 준다. 데이터 블록은 다음과 같은 선택된 정보를 기록할 수 있다. 누가, 무엇을, 언제, 어디서, 얼마나, 그리고 상태(예: 식품 온도)까지도 기록 가능하다.

② 체인연결

기존의 블록에 새로운 블록을 연결 시킨다.

이 블록은 자산이 한 장소에서 다른 장소로 이동하거나 소유권이 이전될 때 데이터의 체인을 형성한다. 블록이 트랜잭션의 정확한 시간과 순서를 확인하고 블록이 안전하게 서로 링크됨으로써 블록이 변경되거나 두 개의 기존 블록 사이에 삽입되지 않도록 방지한다.

③ P2P분산저장

각각의 추가 블록은 이전 블록 및 전체 블록의 검증을 강화한다. 이는 블록체인 변경 증거를 렌더링하며, 불변성이란 핵심 강점을 갖는다. 이는 의도적인 조작 가능성을 차단하며, 자신과 기타 네트워크 멤버가 신뢰할 수 있는 트랜잭션의 원장을 구축한다.

[그림 1-2-2] 블록체인 작동 원리

분산 원장 기술

거래 정보를 기록한 원장을, 모든 네트워크 참가자들이 공동으로 기록, 관리하는 기술을 말한다. 블록체인 기술의 핵심으로, 이 공유 원장에서 트랜잭션은 한 번만 기록되며, 기존 비즈니스 네트워크에서는 흔한 중복 업무가 사라진다.

불변 레코드

일단 공유 원장에 기록되면 어떤 참가자도 트랜잭션을 변경하거나 이를 위조할 수 없다. 트랜잭션 레코드에 오류가 포함되면 해당 오류를 되돌리기 위해 새 트랜잭션을 추가해야 하며, 두 트랜잭션을 모두 볼 수 있다.

스마트 계약

트랜잭션 속도를 높일 수 있도록, 스마트 계약이라고 부르는 일련의 규칙들이 블록체인에 저장되어 자동으로 실행된다. 무결성과 조작되지 않음을 보장하며, 계약 조건에 따라 자동으로 계약이 이행될 수 있도록 한다.

3) | 블록체인 종류와 특징

① 퍼블릭 블록체인 네트워크

퍼블릭 블록체인은 누구나 참여할 수 있으며, 모든 참여자들의 상호 검증을 거치는 블록체인이다(예: 비트코인). 상당한 컴퓨팅 파워가 필요하고, 트랜잭션에 대한 프라이버시의 부족 혹은 부재 그리고 보안 취약성 등을 문제점으로 들 수 있다. 이는 블록체인을 기업에서 사용함에 있어 중요한 고려 사항이 된다.

② 프라이빗 블록체인 네트워크

프라이빗 블록체인 네트워크는 분산형 P2P(peer-to-peer) 네트워크이다. 사전 승인받은 참가자만 참여할 수 있고, 신뢰할 수 있는 참가자끼리 거래를 승인하는 것이다. 사용자의 요구사항에 따라 참가자들 간의 신뢰성과 안정성을 상당히 높여줄 수 있다. 프라이빗 블록체인은 정보보호시스템 내에서 실행될 수 있으며 심지어는 자체 서버시스템에 구축하여 서비스를 제공할 수 있다.

③ 허가형 블록체인 네트워크

프라이빗 블록체인을 설정하는 기업들은 일반적으로 허가형 블록체인 네트워크를 설정한다. 퍼블릭 블록체인 네트워크 역시 허가형이 될 수 있다. 이는 네트워크 및 특정 트랜잭션에 참여할 수 있는 사용자를 제한한다. 참가자는 참여할 수 있는 초대장 또는 권한을 취득해야 한다.

④ 컨소시엄 블록체인

컨소시엄에 참여한 참가자만 참여할 수 있는 프라이빗 블록체인의 일종으로 볼 수 있으며, 여러 조직이 블록체인을 유지 보수하는 책임을 공유할 수 있다.

사전 선정된 조직들은 트랜잭션을 제출하거나 데이터에 접근할 수 있는 사용자를 판별한다. 컨소시엄 블록체인은 모든 참가자가 허가를 받아야 하고 블록체인에 대한 공유 책임을 보유하는 경우의 비즈니스에 적합하다.

4) ERC-20 vs ERC-721

ERC(Ethereum Request for Comment)는 이더리움 블록체인 네트워크에서 발행되는 토큰 (token)의 표준을 뜻하는데, 이더리움 개선 제안 요구서 EIP(Ethereum Improvement Proposal) 의 20번째 제안 사항을 ERC-20이라고 한다.

규약의 형식대로 발행된 토큰을 FT(Fungible Token)라 하는데, 이는 서로 대체가 가능하고 상호 호환 되는 토큰이다.

ERC-20 표준규약은 토큰을 발행할 때 필요한 데이터 항목을 설명한 것으로, 아래 데이터를 입력해서 토큰을 만들면, ERC-20 토큰 즉, FT를 발행할 수 있다.

- 토큰 이름 (Token Name)
- 토큰 심벌 (Token Symbol)
- 토큰 소수 자리 (Token decimals)
- 사용 가능한 토큰 수 (Initial Supply)
- 전체 토큰 수 (Total Supply)
- 블록체인 네트워크 (Network)

1장 NFT(Non-Fungible Token)란?

2장 NFT 활용사례

3장 디지털 지갑(Digital Wallet)

ERC-721 토큰은 ERC-20 토큰과는 반대로 '대체 불가능'한 특징을 지니고 있다. 쉽게 말해 ERC-721로 발행되는 토큰은 모두 각각의 고유한 가치를 갖고 있다는 것이다. EIP 의 721번째 제안된 문서로 특정 디지털 자산에 대한 고유한 ID 정보를 부여하여, 대체 가 불가능한 고유한 토큰을 발행할 수 있다.

ERC-721 표준 형식으로 발행된 토큰을 NFT라 한다.

03 NFT 저작권과 소유권

1) 누구나 크리에이터

　NFT의 역사는 다소 모호하다. 세계 최초로 블록체인이 만들어진 2008년으로 보아야 하는지, 현재의 NFT 태동의 근간이 된 디지털 아트부터 거슬러야 할지 망설여지기도 디지털 아트가 NFT의 큰 물결 속에 가장 큰 주류임을 부정할 수 없을 것이다. 이 디지털 기술이 있으면 굳이 화가가 아니어도 NFT 작품을 만들 수 있을 뿐만 아니라 판매로 수익 창출도 가능하다.

　미술작품이 아니어도 가능하고, 일상생활 속의 사진도 가능하다. 앞서 말했듯이 문서, 텍스트 파일, 음악, 다양한 소리, 영상 등 탄탄한 스토리와 세계관이 구축된다면 훌륭한 프로젝트가 될 수 있다. 일부 고액에 거래되는 작품들의 경우는 그 커뮤니티의 결속과 구성이 탄탄한 경우가 대부분이다.

　일상 속의 다양한 대상이 NFT화되고 누구나 크리에이터가 될 수는 있지만, 누구나 성공한 크리에이터가 되기는 쉽지 않다. 여기에는 반드시 커뮤니티와 찐 팬이 필수이며, 세계관의 스토리텔링도 중요하다. 각종 브랜드들의 마케팅과 인증, 스타들의 팬덤, 자격증, 신분증, 각종 증명서와 서류들이 쉽게 NFT를 발행하고 활용하는 시대가 오고 있다. 고가의 NFT 프로필을 가진 '그들만의 리그'에서 이제 평범한 일상 속 크리에이터들의 시대로 진입하고 있다.

개인 창작물의 NFT 발행이 가능해지면 이와 관련된 교육기관, 학원, 커뮤니티 등이 더욱 많아질 것이다. 또한, NFT 발행 과정은 간편해지고 수수료 문제도 해결점을 찾아갈 것으로 생각된다. 이렇게 다양하고 유익한 NFT는 많이 확장될 것이다.

2) 창작자와 발행자

(1) 창작자의 권익보호

블록체인 및 NFT 기술 덕분에 창작자에게 더 많은 권한이 주어지게 되었다. 많은 아티스트들이 레코드 회사나 음악 스트리밍 회사로부터 판매 수익 배분의 많은 부분을 침해당하고 있는 형편이다. 그러나 NFT 발행을 통해 중앙집권적인 시스템에서 벗어나서 직접 팬들과 소통하면서 권익을 좀 더 보호할 수 있게 되었다. 이는 창작자의 권익 차원에서 획기적인 일이 아닐 수 없다.

(2) 창작자의 로열티

재판매가 일어날 경우 판매 금액의 일정 요율을 로열티로 영구히 받을 수도 있다. 블록체인 기술과 NFT를 통해 창작자의 로열티 수입에 관한 구조가 개선되게 될 것이다.

예술작품의 경우 창작자와 발행자가 대부분 같지만 그렇지 않은 경우도 있다.

내가 그린 그림을 친구에게 선물했는데 그 친구가 선물받은 파일을 NFT로 발행했다면 그것은 누가 만든 것인가?

원본 파일을 만든 것은 나이지만 NFT를 만든 것은 친구이다.

이렇듯 창작자와 발행자가 다른 경우도 있다 이런 경우는 별도의 계약서를 통해 합의를 해야 한다. 복잡한 법적 분쟁이 발생하기도 하므로 이러한 고민들도 미리 염두에 두어야 한다.

3) │ 저작권과 소유권

현재 NFT는 법률상 정의가 명확하게 정해진 것도 아니고, NFT의 제작, 거래 등을 직접적으로 규정하고 있는 법률도 명확하게는 없는 실정이다. 그렇다 보니 NFT의 제작, 거래, 취득한 NFT를 소유함에 대해서는 기존의 현행 여러 법률에서 부분을 가지고 해석을 하거나 유추해서 적용하게 된다. 또한, 거래 당사자들 간의 계약, 플랫폼과 사용자 간의 계약 등을 바탕으로 해석하고 적용하는 상태이다. 기존의 저작권법, 제작 콘텐츠에 관한 상표법, 플랫폼 사용에 관한 약관규제법, 부정경쟁방지법 등 다양한 법률을 근거로 적용하고 있는 것이다.

(1) 저작권

저작권이란, 창작물을 만든이(저작자)가 자기 저작물에 대해 가지는 배타적인 법적 권리를 말한다. 거의 대부분의 국가에서 인정되는 권리인데 이는 만든이의 권리를 보호해서 문화를 발전시킨다는 목적도 가지고 있다.

저작권을 영어로는 Copyright라고 한다. '복사'를 뜻하는 단어'copy'와 '권리'를 뜻하는 단어 'right'를 합한 단어로서 복제를 할 수 있는 권리를 뜻한다고 볼 수 있겠다.

이렇듯이 복제를 할 수 있는 권리는 누구에게 있는 것이며, 어떻게 보호될 수 있는지가 중요하다. 그렇다면 내가 가지고 있는 물건은 모두 마음대로 사용할 수 있는 것인가?

한 예로 내가 어느 시인의 시집을 구매했다면 그 책은 나의 소유가 된다. 내가 자유롭게 언제 어디서든 마음껏 볼 수도 있고, 책꽂이에 꽂아 두거나, 라면 끓인 냄비의 받침으로 쓰거나 내 마음대로 쓸 수 있다. 내 마음대로 책장을 찢어내서 딱지를 접을 수도 있고, 싫증이 나서 재활용 더미에 버린다고 해서 법적으로 문제가 되지 않는다. 나의 소유권이 인정되기 때문에 내 마음대로 할 수 있지만 책의 내용을 마음대로 수정하거나, 새로 출판을 하는 등의 행위는 할 수 없다.

그 시집의 저작권은 나에게 있는 것이 아니고 저작권자인 작가의 것으로 반드시 저작권자의 동의를 구해야 한다.

저작권과 소유권이 같이 있는 경우, 즉 작가가 소유하고 있는 경우라면 복잡한 문제가 발생되지 않겠으나, 저작권자와 소유권자가 다를 경우 2차 가공의 문제라든지 다양한 문제가 발생할 수 있다.

인터넷상의 파일은 복제, 배포가 용이하고, 무한 복제가 가능하다 보니, 현실의 물건이나 작품보다 저작권 침해의 사례가 많이 나타나게 된다. 저작권이 없고 소유권만 있는 사람이 NFT로 발행했을 경우의 문제도 야기된다.

저작권은 지식 재산권의 하나로, 저작인격권과 저작재산권으로 나뉘며 저작권을 표시하기 위해 ⓒ, (C) 또는 (c) 심볼을 이용하기도 한다.

①저작 인격권

저작인격권은 저작자가 저작물에 대하여 인격적으로 갖는 권리를 말한다.

다른 사람에게 양도되거나 상속되지 않고, 저작자만 갖는 권리로서, 공표권, 성명표시권, 동일성유지권 등이 있고, 인격적, 정신적 이익을 보호하는 권리이다『저작권법 제10조 1항』.

저작인격권은 일신 전속적인 것으로 저작자에게 귀속되며 양도성이 없다.

②저작 재산권

저작재산권은 저작자가 저작물을 스스로 이용하거나 다른 사람이 이용할 수 있도록 허락함으로써 경제적 이익을 올릴 수 있는 재산권을 말한다『저작권법 제10조 1항』.

저작물을 이용해서 얻는 경제적 이익을 보호하기 위한 권리인 것이다.

저작재산권에는 복제권, 공연권, 공중송신권, 전시권, 배포권, 대여권, 2차 저작물 작성권이 포함되며, 전부, 또는 일부를 양도하거나 상속할 수 있다.

일반적으로 저작권을 양도한다고 하는 것은, 저작 재산권을 말하는 것이다.

(2) 소유권

소유권은 자신의 물건으로서 직접적, 배타적, 전면적으로 지배하여 사용, 수익, 처분 할 수 있는 사법상의 권리를 말한다. NFT 작품 거래에서 판매되었다는 것은 소유권이 넘어간 것이지, 저작권까지 모든 권리가 넘어간 것은 아니다. 거래 당시 계약에 의해 저작권까지 넘긴다는 합의가 없었다면 소유권만 취득하게 되는 것이다. NFT에 대한 소유권은 창작물, 즉 자산에 대한 저작권과는 근본적으로 다르다. 계약서나 약관에 특별히 명시되어 있지 않는 한, 소유권이 이전된 이후에도 저작권은 원작자의 소유로 남아 있다.

NFT 분야가 아직 신기술이다 보니 법령이 미비한 경우도 있고, 점차 거래가 활발해지면서 법적 분쟁이 빈번하며, 앞으로도 야기될 것으로 생각된다. 기존의 여러 법령을 근거로 유추하고 법리 해석을 한다 하더라도 각기 다른 관점이 있을 수 있어서 논란이 되기도 한다.

우리나라에서도 김환기, 박수근, 이중섭 등 근현대 미술사를 대표하는 거장들의 작품이 NFT로 발행된다는 소식이 있었다. 그러나 작품의 '소유자'들이 이의를 제기하면서 결국 무산되었다.

NFT는 새로운 거래 시장을 열었다는 면에서 큰 의미를 가지고 있다. 이 새로운 비즈니스에 NFT 저작권에 대한 보호 장치가 시급하고, 2차 저작물, 3차 저작물 등 NFT가 보장하는 저작 권한의 한계에 관한 명확한 제시와 법령이 시급하다.

2

NFT 활용사례

01 NFT와 메타버스

1) | 왜 NFT와 메타버스인가?

(1) 비대면 시대, 위기인가? 기회인가?

코로나 19로 오프라인보다 온라인 즉, 가상 세계에 머무르는 시간이 많아지고 사람들은 메타버스 안에 하나의 사회를 형성하여 활동하게 됐다. 이때 NFT가 등장하면서 디지털 콘텐츠의 가치가 자연스럽게 올라갔다. 마치 위기 속의 기회처럼 말이다. 사람들은 오프라인에서 작품을 구매하듯 온라인에서 NFT 작품을 구매하면서 만족감을 얻기 시작했다. 나아가 NFT 마켓에서 고가의 작품을 구매하고 자랑하는 문화가 생겨났다.

NFT 작품을 거래하는 사람들이 늘어나면서 시장이 커지자 전문가뿐만 아니라 비전문가들의 창작 활동이 눈에 띄게 늘어났다. 자신만의 색깔이 있는 다양한 작품을 NFT 마켓에 올렸다. 그리고 작품이 높은 금액에 거래되면서 NFT 열풍이 불기 시작했다.

이와 같이 온라인 가상 공간에서 경제 활동이 가능하다 보니 NFT와 메타버스는 함께 발전했다. 메타버스 분야에서 NFT로 인해 발생한 판매 금액이 30%가량을 차지하면서 NFT는 메타버스 시장의 중심 통화로 자리를 잡고 있다.

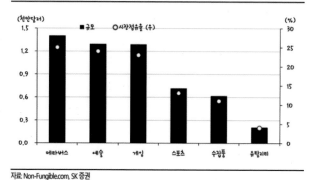

[그림 2-1-1] NFT 내 시장 점유율 (출처: Non-Fungible.com, SK증권)

(2) '돈'을 벌어 주는 NFT

NFT에 이토록 많은 사람이 관심을 갖게 된 이유는 간단하다. 바로 NFT 시장은 한 마디로 '돈'이 되는 가상공간으로 또 다른 경제 활동의 일부가 되기 때문이다. 즉 투자할 가치가 있다고 생각되기 때문에 많은 사람이 NFT 작품을 단순히 소장용이 아닌 투자용으로도 구매하고 있다. 다양한 이유로 NFT 작품을 구매하고 있지만 차후 가치 상승에 대한 기대와 수익을 예상해 구매하는 경우가 대부분이다.

여기서 말하는 '수익'이란 내가 구매한 작품이 후에 유명해지거나 가치가 올라가면서 처음 내가 구매한 가격보다 나중에 되팔 때 발생하는 차익을 말한다. 하나의 작품을 NFT로 소유권을 분할해서 여러 사람에게 판매할 수 있고, 구매자들은 모두 소유권을 주장할 수 있기 때문에 소액 투자자들이 접근하기 좋다. 이처럼 NFT 분야는 예술 작품에 대해 전문지식이 없어도 부담 없이 소액으로 투자할 수 있다는 장점이 있다.

(3) 미술품의 주 소비 계층은 MZ세대

스위스 바젤에서 열리는 세계 최대 미술 장터인 '아트바젤'과 이를 후원하는 금융 기업 UBS가 발표한 〈2021 미술시장 보고서〉에 따르면 지난해 전 세계 미술시장 '큰 손'의 절반 이상이 20~30세대이었다. 특히 코로나19 사태 이후 온라인 미술시장 플랫폼이 활성화되면서 20~40대 젊은 층이 미술품 수집에 큰 관심을 갖기 시작했다.

실제 전 세계 온라인 미술시장의 거래 규모는 2020년에 124억 원으로 2019년에 비해 2배 이상 증가했다. 온라인 거래에서 MZ세대가 주로 구매하는 미술품은 1,000만 원 이하로 전체 거래 미술품의 반 이상을 차지한다.

경매사 크리스티에 따르면 2020년 상반기 NFT 경매에 등록한 고객 중 37%가 신규 고객이며 평균 연령이 38세였다. 이에 갤러리와 기업들은 MZ세대를 사로잡는 콘텐츠를 발굴하기 위해 적극적으로 나서고 있다. 이처럼 미술품의 주요 소비 계층이 기존 50대 이상에서 20~30세대로 바뀌는 패러다임의 변화는 NFT 시장을 더욱 뜨겁게 달구고 있다.

[그림 2-1-2] 10개국 고액 자산가 미술품 컬렉터 세대별 비중
(출처: 아트바젤-UBS '2021 미술시장 보고서', 세계일보 네이버 포스트)

2) 메타버스 속 NFT의 역할

(1) 새로운 가치의 화폐로 등장

NFT는 메타버스에서 '화폐' 역할을 하며 경제 활동을 더욱 활발하게 만든다. 기존 디지털 데이터는 쉽게 복사할 수 있어 정보가 빠르게 퍼지고 확산되기에 원작자는 늘 저작권 문제에 부딪혔다. 누구나 쉽게 복사해서 활용할 수 있어 원본을 찾기도 어렵고 원본의 가치도 인정받지 못했다.

NFT의 등장으로 이야기는 완전히 바뀌었다. NFT 원리는 디지털 자산이 되는 원본을 명확히 증명할 수 있고, 사람들이 이 원본을 많이 복사하고 공유할수록 그 가치가 올라간다는 것이다. 그만큼 원본을 많은 사람에게 홍보하는 효과가 있기 때문이다. 사람들은 예전처럼 디지털 자산을 복사하여 사용하는 것에 그치지 않고 이것을 소유하고, 거래하고, 투자하며 가치를 더욱 높이기 시작했다.

거래가 된다는 건 수요가 있다는 것이고, 공급보다 수요가 많을 때 그 가치와 가격은 당연히 더욱 높아진다. NFT는 디지털 자산의 '희소성'과 '소유권'을 보장하며, 작품의 가치를 높여 주고 수익을 창출할 수 있게 한다.

이렇게 예전에는 불가능했던 일들이 기술의 발달로 가능하게 되면서 디지털 자산의 가치가 급상승했다. NFT는 그 속에서 사람들이 경제 활동을 더욱 활발히 하도록 하면서 메타버스 생태계를 확장시킨다. 이것이 메타버스 세계에서 많은 거래가 일어나고 돈이 몰리는 이유이다.

(2) 자본의 선순환 구조

기존 플랫폼들의 수익 구조는 원작자가 아닌 플랫폼 운영자가 수익을 많이 갖고 가는 구조였다. 그런데 NFT 등장으로 원작자가 직접 자신의 작품을 마켓에 올리고 수익을 갖고 갈 수 있게 됐다. 원작자 중심의 '수익의 선순환 구조'가 형성된 것이다.

NFT 기술로 아티스트는 콘텐츠 원본을 보장하는 것을 넘어 거래가 일어날 때마다 수익을 얻게 된다. 컬렉터에게 판매한 후에도 거래가 발생하면 일정 비율의 로열티를 받는다. 아티스트들은 창작에 전념할 수 있는 경제적 여유를 찾았고, 구매자역시 계속적인 차액을 남기는 형태로 꾸준히 경제활동을 할 수 있게 됐다. 또한, 아티스트는 자신의 작품을 소유한 컬렉터들과 관계를 형성하고 나아가 컬렉터와 함께 '팬 커뮤니티'를 형성하며 활동하고 있다.

이런 움직임으로 커뮤니티와 작품의 가치가 동시에 성장할 수 있다. 팬덤을 확보하면 작품을 구매할 사람들이 많아지고 거래는 안정적으로 늘어나게 된다. 커뮤니티에 참여한 사람들은 아티스트와 작품을 지지하며 서로 끈끈한 유대관계와 소속감을 갖는다. 아티스트들이 이렇게 팬들과 소통하며 자기들만의 문화를 만들고 꾸준히 활동을 이어가면 기존보다 안정적인 수익 구조가 자리 잡게 된다.

(3) 커뮤니티 입장권

메타버스가 또 다른 세계에 대한 표현이라면, 그 세계 속에서 새로운 사회인 커뮤니티를 만들어 내는 것이 바로 NFT이다. 기존 현실 세계에 존재하던 사회와는 완전히 다른 모습의 사회가 메타버스 세계에서 만들어지고 있다.

커뮤니티의 멤버들은 자기들만의 공통된 세계관과 규칙을 만들어 그 속에서 살아간다. NFT의 가치를 인정하고 경제 활동을 하며 사회를 조직하는 수단으로 활용한다. 그 대표적인 예가 바로 '지루한 원숭이들의 요트클럽(BAYC: Bored Ape Yacht Club)'이다. BAYC는 크리에이터 기업 '유가 랩스(Yuga Labs)'가 2021년 4월 론칭했다.

BAYC에 캐나다 싱어송라이터 저스틴 비버, 할리우드 배우 기네스펠트로, 힙합스타 스눕독, 농구 스타 스테픈 커리 등 유명 셀럽들이 투자한 것으로 알려지면서 전세계적으로 가장 유명한 NFT 컬렉션에 등극했다. BAYC는 독특한 원숭이 모습이 담긴 NFT 작품으로 1만 개만 발행됐다.

[그림 2-1-3] BAYC (출처: BAYC 홈페이지)

커뮤니티 멤버들은 동일한 세계관을 공유하면서 강력한 소속감을 갖고 활동한다. BAYC 컬렉션의 세계관은 '암호화폐의 급상승으로 너무너무 부자가 돼 버린, 그래서 세상의 모든 것에 지루해져 버린 원숭이들'이다. 너무 부자가 되어보니 세상이 지루해져서 늪에 아지트를 만들어 숨었다.

자기들만의 비밀 클럽을 만들어서 결속력을 다지고, 오프라인 모임도 NFT 소유자들만 참석할 수 있도록 한다. 강력한 커뮤니티를 바탕으로 글로벌 스포츠 패션 업체 '아디다스'와 컬래버레이션을 성공적으로 진행하는 등 사업적 성과도 끊이지 않고 있다.

BAYC의 총 판매액이 NFT 컬렉션의 시초로 불리는 크립토 펑크를 앞지르며 큰 화제를 모으기도 했다. 2022년 2월 8일 기준, 가상 자산 데이터 기업 '넌펀저블닷컴(NonFungible.com)'에 따르면, BAYC의 역대 판매 금액은 23억 8,900만 달러(약 2조 8,656억 원)를 기록하며 크립토 펑크 총 판매액 20억 700만 달러(약 2조 4,073억 원)를 뛰어넘었다.

02 NFT의 활용과 미래

1) 예술 분야

(1) 전 세계 아트 시장의 온라인화 시작

메타버스의 발전과 함께 디지털 콘텐츠뿐만 아니라 실제 미술품을 NFT로 발행하는 추세가 늘어나고 있다. 기존 미술품에 관심이 많던 사람들과 이제 막 관심을 갖기 시작한 사람들의 소유 욕망을 동시에 자극하면서 폭발적인 NFT 거래량을 보인다.

온라인, 오프라인 할 것 없이 작품을 소유하고자 하는 사람들이 많아질수록 가치는 기하급수적으로 높아진다. 오프라인에서만 작품을 거래하던 사람들도 온라인에서 작품을 거래하며 그 편리함과 수익성에 눈을 뜨게 됐다. NFT를 통한 작품 거래는 진품 여부, 보관, 도난 등 현실에서 갖는 여러 가지 문제점을 보완할 수 있기에 더욱 활발하게 이뤄지고 있다.

전 세계 〈미술 동향 조사 보고서(The Are Market 2021 리포트)〉를 보면 2019년에서 2020년으로 넘어가면서 온라인 시장 규모는 2배 증가했으며, 거래 금액도 14조 원을 껑충 뛰어넘었다. 온라인 시장이 크게 활성화되면서 2020년에는 전 세계 아트 시장의 25%를 온라인 시장이 차지하고 있다.

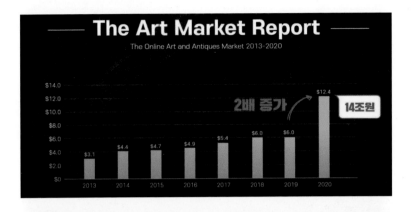

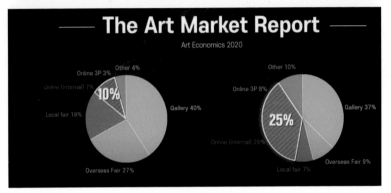

[그림 2-2-1] 미술 동향 조사 보고서(출처: 전 세계 미술 동향 조사 보고서)

다음 [그림2-2-2]은 각종 언론을 통해 보도된 'NFT를 활용한 미술품, 예술품 거래 사례'이다. 국내와 국외로 나눠진 거래 사례들을 살펴보자.

구분	사례	내용	작품 구분
국외	마음의 초상 (Poftrait of a Mind)	− 2020년 10월, 미술품 경매회사 크리스티에서 진행 − 작품의 소유권 분산을 위해 작품의 부분에 대해 NFT 발행하여 판매 − 13만 1,250달러(약 4,460만 원)에 판매	− 최초의 NFT 거래 미술품 − 블록체인 기반 디지털 작품
	Everydays−The First 5000 Day	− 2021년 3월, 〈마음의 초상〉 경매한 크리스티에서 진행 − 저스틴 비버, 케이티 페리 등과 협업한 작품 − 6,934만 달러(약 784억 원)에 판매	− 디지털 작품 − NFT 판매 작품 중 최고 금액
	The First ever Edition Of Rick And Morty Cryptoart	− 저스틴 로일랜드(Justin Roiland)가 발표한 크립토아트 컬렉션 'The best i could Do' 중 하나 − 2021년 1월, 15만 달러(약 1억 6,000만 원)에 판매	− 디지털 콘텐츠 작품
	스타워즈 테마 NFT 작품	− 2020년 12월, NFT 마켓플레이스 '니프티게이트웨이'에서 거래 − 77만 7,777달러(약 8억 5,000만 원)에 판매	− NFT로 제작된 디지털 작품
국내	Missing and found(2021)	− 2021년 3월 국내 첫 NFT 미술품 경매 사례 − 약 6억 원에 판매	− 디지털 그림
	이중섭 '황소'	− 2021년 6~7월, 故 이중섭 작가의 작품을 디지털화하여 작품에 대한 NFT를 발행하여 판매 시도 − 이중섭 작가 유족 등에서 NFT 경매에 반대하여 판매 취소	− 현물 작품

[그림 2-2-2] NFT를 활용한 미술품, 예술품 거래 사례 (출처: 각종 언론 보도)

최초의 NFT 거래 미술품인 '벤 젠틸리(Ben Gentilli)'의 〈마음의 초상(Portrait of a Mind)〉과 비플의 〈Everydays - The First 5000 Days〉를 볼 수 있다. 국내 작품으로는 마리킴의 〈미싱 앤드 파운드〉와 이중섭의 〈황소〉가 눈에 띤다. 이중섭의 〈황소〉는 현물 작품을 NFT로 발행해 판매를 시도했다. 그러나 이중섭 작가 유족 등이 NFT 경매에 반대하면서 판매가 취소됐다.

〈마음의 초상〉은 최초의 NFT 거래 미술품으로 블록체인 기반의 디지털 작품이다. 이 작품의 특이한 점은 소유권 분산을 위해 작품 전체가 아닌 부분에 대해서만 NFT를 발행했다는 점이다. 일반인들이 보면 그냥 숫자가 나열된 그림 같지만 이 작품은 경매에서 13만 1,250달러(한화 약 1억 4,460만 원)에 낙찰됐다.

[그림 2-2-3] 벤 젠틸리 〈마음의 초상〉, 블록 21 (출처: 크리스티)

(2) 아티스트 직접 수익 관리로 안정화

전통 미술시장은 갤러리가 컬렉터들의 네트워크를 거의 독점하고 있기에 판매 시 50%에 달하는 수수료를 갤러리 측에서 취하고 있다. 그래서 비싼 가격에 작품이 팔렸다 하더라도 아티스트에게 돌아가는 수익은 크지 않았다.

반면에 NFT 디지털 아트 시장은 아티스트가 직접 자기 작품을 판매하기에 갤러리에 지급하던 수수료를 낼 필요가 없다. 또한 온라인을 통해 많은 컬렉터들에게 자신의 작품이 노출되면서 홍보 효과까지 누릴 수 있다. 작품에 스토리를 입히고 아티스트가 직접 컬렉터들과 소통하며 NFT 작품의 가치는 더욱 상승한다. 온라인에서는 디지털 아트를 누가 얼마에 구매했는지에 대한 정보도 모두 확인할 수 있기에 투명한 거래가 가능하다.

그동안 그 가치를 충분히 인정받지 못하던 작품들도 NFT를 만나 그 가치를 인정받고, 작품의 희소성에 따라 가격이 기하급수적으로 상승한다. 아티스트들은 수익의 선순환 구조로 더욱 좋은 작품을 만들어 내기 위한 창작 활동에 전념할 수 있게 됐다.

2) 패션

정품 인증서도 NFT 기술이 적용된 디지털 보증서로 대체되고 있다. 그 예로 신세계 그룹 통합 온라인몰 '쓱닷컴'은 명품 구매자들에게 디지털 보증서 'SSG 개런티'를 발행하고 있다. NFT를 적용해 보안을 강화한 것이다.

[그림 2-2-4] SSG 개런티 디지털 보증서 (출처: SSG 홈페이지)

SSG 개런티에서 발행한 디지털 보증서는 NFT 기반의 디지털 카드이다. 검증된 셀러가 엄선한 상품을 대상으로 발급한 것으로 어디서든 정품 확인이 가능하다. 한 번의 클릭으로 '실물 감정 서비스'로 연계되며 가품 보장 제도, VIP 전담 상담 서비스까지 누릴 수 있다.

상품 하나하나 다 고유하게 생성된 SSG만의 시리얼 넘버가 디지털 카드에 기재된다. 이는 카카오톡 내 '클립(KLIP)' 지갑에서 언제든지 열람할 수 있고, 분실할 걱정이 없으며 관리도 쉽다. NFT 기술의 보증서로 복제나 위·변조 염려를 덜고 중고 거래 시에도 '보내기' 버튼 하 나로 쉽게 디지털 카드를 양도할 수 있다. 이제 소비자들은 정품 인지 아닌지 마음 졸이며 물건을 살 필요가 없어졌다.

[그림 2-2-5] 클립 지갑에서 SSG 개런티 보증서 발급 (출처: SSG 홈페이지)

(1) 가상 패션의 등장

전 세계적으로 가장 유명한 스포츠 브랜드 '나이키'가 패션 스타트업인 'RTFKT'를 인수해 큰 화제가 됐다. 가상 패션 전문 NFT 스튜디오인 RTFKT는 신발과 옷을 직접 디자인해서 선보이지만, 실제로 입을 수 있는 것이 아니라 가상세계에 존재하는 제품들이다. 그리고 이 가상 패션 아이템을 NFT로 발행하는 것이다.

창업자들은 회사를 차리기 1년 전부터 소셜미디어를 통해 기존 운동화에 독특한 아이디어를 접목한 영상을 올려왔다. 아이언맨을 연상시키는 디자인의 운동화를 타누스의 인피니티 건틀렛으로 공중에 뜨게 하고, 스마트폰 앱으로 나이키의 로고 색상을 변경하는 등 온라인 가상 패션에서만 가능한 색다르고 기발한 영상들을 꾸준히 업로드했다. 이렇게 상상력 넘치는 콘텐츠에 많은 사람이 가상 패션 아이템을 사고 싶다며 구매 의사를 밝혔다.

[그림 2-2-6] RTFKT가 선보인 가상 나이키 신발 (출처: RTFKT, 티타임즈TV)

그들은 자신들이 디자인한 가상의 운동화를 경매에 부쳐 판매하기 시작했다. 가상 운동화를 구매한 사람들에게 AR 필터를 함께 제공한다. 구매자는 이 필터를 독점적으로 사용할 수 있다. 자기가 갖고 있는 사진에 필터를 씌우면 마치 운동화를 신은 것처럼 보인다. 이때 보이는 장면을 사진으로 찍어서 소셜미디어에 자랑한다. 또, 가상 신발을 산 구매자가 원할 경우 실제 실물 운동화를 제작해 보내준다.

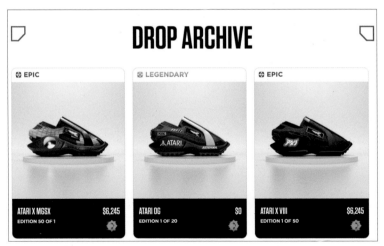

[그림 2-2-7] RTFKT의 가상 신발 (출처: RTFKT 홈페이지)

나이키는 오래전부터 메타버스에 관심을 가지며 영역을 확장해 왔다. 실제 세계에서 사람들이 나이키 옷을 입고 운동화를 신듯이 메타버스 아바타도 나이키 브랜드를 착용하게 만드는 것이다.

'아디다스'도 NFT 프로젝트 업체 '지루한 원숭이들의 요트 클럽(BAYC, Bored Ape Yacht Club)'과 협업을 통해 NFT를 발행하며 자신들의 메타버스 캐릭터인 '인디고 허츠'를 공개했다. 아디다스는 BAYC의 NFT #8774를 46이더리움(당시 시세 한화 약 1억 8,670만 원)에 구매해 형광 노란색의 아디다스 트랙수트를 입혔다.

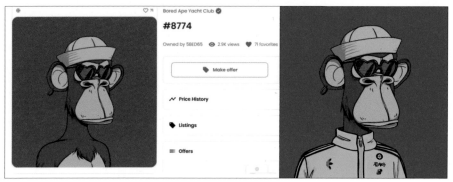

[그림 2-2-8] 아디다스의 인디고 허츠 (출처: 아디다스, BAYC 오픈씨)

아디다스는 이 NFT 3만 개를 개당 765달러(한화 약 91만 원)에 내놓았다. 이는 순식간에 팔려나갔으며 단 몇 시간 만에 2,300만 달러(한화 약 274억 원)의 매출을 올렸다. 아디다스 NFT 소유자들은 실물 상품을 받아볼 수 있다. 후드 스웨터에는 NFT 고유의 블록체인 주소가 적혀 있다.

3) | 미래 전망

NFT 조사기관 '넌펀저블닷컴(NonFungible.com)'의 조사에 의하면 2020년 NFT 거래액은 약 2억 5,000만 달러(한화 약 2,950억 원)이며, 2021년 1분기는 2020년 한 해 거래액의

10배인 20억 달러(한화 약 2조 3,600억 원)로 집계했다. 2022년 NFT 시장 규모는 최소 약 269억 달러(한화 약 32조 원)으로 추산된다. 한 전문가는 2025년 NFT 시장 규모를 230조 원으로 예상하기도 했다.

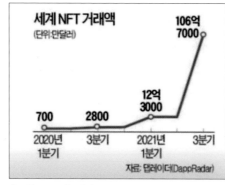

[그림 2-2-9] 세계 NFT 거래액 (출처: 한국경제)

사람들은 이제 잃어버리거나 닳을 염려가 있고 공간을 차지하는 실물 자산보다 가상 자산에 투자하면서 거래의 패러다임을 바꾸고 있다.

판매자와 구매자가 더욱 쉽고 안전하게 이어지면서 거래량은 늘어나고 시장은 확장된다. 원작자는 자신의 작품이 활발히 거래되도록 더 가치 있는 작품을 만든다. NFT는 단순한 투기가 아니라 디지털 자산 생성의 중요한 원동력이다.

NFT를 통해 기업은 새로운 비즈니스 모델을 만든다. 제품의 가치를 높이고 서비스를 확장하며 새로운 시장에 진입하고 있다. NFT 시장의 초기는 예술 분야에 집중되었다면 이제는 패션, 요식업, 교육 등 모든 산업에서 전반적으로 NFT를 접목할 것이다.

3

디지털 지갑(Digital Wallet)

01 디지털 화폐(Digital Currency)

1) 디지털 화폐 개요와 분류

(1) 디지털 화폐 개요

우리는 일상생활에서 많은 거래를 통해 서로 원하는 것들을 얻으며 경제생활을 해오고 있다. 거래의 수단으로써 화폐, 즉 돈을 사용하는데, 예전에는 지갑 속에 현금 또는 카드를 가지고 다니면서 지급해 왔었다.

하지만 지금은 대다수 사람들이 스마트폰 안의 OO페이, OO앱카드 등으로 불리는 프로그램을 사용하면서 온라인에서 바로 결제하거나 NFC(근거리 무선통신) 기술을 통해 오프라인 현장에서 스마트폰으로 결제하는 방식을 사용하고 있고, 점점 더 확대되어 가고 있음을 느낄 수 있다.

이처럼 금전적 가치를 전자기기(컴퓨터, 모바일기기 등) 속에 디지털화하고 암호화된 형태로 저장하여 네트워크를 통해 또는 디지털 방식으로 거래할 수 있는 모든 통화를 '디지털 화폐'라고 말한다. 그럼 이 디지털화폐에는 어떤 것들이 있으며, NFT와 어떤 연관이 있는지 살펴보도록 하자.

(2) 디지털 화폐 분류

디지털 화폐의 분류 기준은 여러 가지가 있으며, 그 기준에 따라 해당 화폐의 명칭도 다르게 표현된다.

우선, 아래의 그림은 발행 주체, 사용 목적, 실물 화폐와의 연관성 등에 따라 분류한 것이다.

[그림 3-1-1] 디지털 화폐의 분류의 재구성 (출처: 한국정보통신기술협회)

○ 암호화폐(Crypto Currency)

- 블록체인(분산 원장 기술) 기반으로 만들어진 탈중앙화 화폐로 가장 최초의 암호화폐가 바로 2009년 1월에 만들어진 비트코인이다.
- 발행 및 관리 주체가 중앙기관이 아니므로 다른 화폐와는 달리, 가치가 고정되어 있지 않고 수요와 공급에 따라 변동한다.
- 암호화폐이지만 가격 변동성을 최소화하도록 설계된 화폐를 '스테이블 코인'이라고 한다.

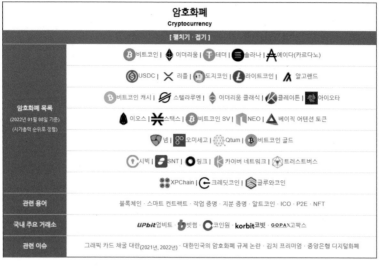

[그림 3-1-2] 암호화폐 주요 목록과 국내 주요 거래소 (출처: 나무위키, namu.wiki)

○ 전자화폐(Electronic Currency)

- 우리나라 전자금융거래법에 따르면, 현금 또는 예금과 동일한 가치로 교환되고,
- 발행 주체인 금융회사 또는 전자금융업자가 현금이나 예금으로 교환할 수 있도록 보장한다.
- 대표적으로 네이버페이, 삼성페이, 카카오페이, 티머니, 체크카드, 신용카드 등이 있다.

○ 가상화폐(Virtual Currency)

- 실물 없이 인터넷 환경 또는 가상세계에서 사용할 수 있는 디지털 화폐로,
- 발행 주체가 민간 기업들이다.
- 주로 가상현실에서 아바타의 옷, 액세서리를 구매하거나, 게임 운영에 필요한 아이템 등을 구매하기 위한 게임머니(사이버머니) 및 한때 유행했던 싸이월드의

도토리가 가상화폐에 해당한다.

- 가상화폐는 발행 기업의 서비스 내에서만 통용되는 한계가 있다.

- 대표적으로 인터넷 쿠폰, 모바일 쿠폰, 게임머니, 싸이월드 도토리 등이 여기에 해당된다.

○ CBDC(Central Bank Digital Currnecy)

- 중앙은행이 디지털 형태로 발행하는 화폐로 종이 지폐를 디지털화 한 것이다.

- 암호화폐의 특성이 탈중앙화라면, CBDC의 대표적 특성은 중앙화이다.

- 최근 블록체인 기술의 발전과 암호 자산의 확산으로 CBDC에 대한 연구와 논의가 활발하고,

- 가상화폐와 달리 기존 화폐와 동일한 교환 비율이므로 코인 시장의 가격 하락과 같은 위험은 없다.

- CBDC 도입은 기존 금융 체계에 큰 영향을 미치므로 도입에 대해 국가직으로 상당히 신중하게 접근하고 있다.

2) 암호화폐 지갑 분류

암호화폐 지갑은 지갑 용도 외에 아래의 역할로 사용된다.

▷ 자신의 디지털 자산을 보관하는 금고의 "열쇠(Key)" 또는 "인증서"로

▷ 암호화폐 또는 디지털 자산을 보내고 받아 주는 "계좌번호"로

▷ 암호화폐 거래소나 NFT 마켓, 메타버스 플랫폼, NFT 게임 플랫폼 등에 접속 시 "로그인 계정 정보"로 사용된다.(단, 암호화폐나 디지털 자산은 암호화폐 지갑에 존재하지 않

고 블록체인 네트워크에 존재하므로, 해당 암호화폐 지갑 주소와 비밀 구문만 분실하지 않는다면 항상 온라인 연결시 관리할 수 있다.)

이런 암호화폐 지갑은

▷ 인터넷 연결 여부에 따라 "핫 월렛(Hot Wallet)", "콜드 월렛(Cold Wallet)"으로 나뉘고,

▷ 관리 주체에 따라 "개인 지갑"과 "거래소 지갑"으로 구분된다.

(1) 인터넷 연결에 따른 분류

구분	핫 월렛(Hot Wallet)		콜드 월렛(Cold Wallet)	
매개체 유형	소프트웨어		하드웨어 / 종이	
설명	– 사용 여부에 관계없이, 항상 온라인 연결되어 있는 PC, 모바일 기기등에 설치가 되어 사용이 필요하면 언제든지 바로 사용할 수 있는 형태		– 미사용 시, 오프라인으로 보관 – 사용 시, 해당 디바이스나 매개체의 정보를 온라인 기기(PC, 모바일, 바코드 등)에 연결해서 사용	
형태	Client형	Web형	USB드라이브형 / 카드형 / MicroSD형	종이 인쇄형(Paper)
특징	– 지정 PC, 모바일에 Client 프로그램 설치 – PC, 모바일 기기 변경 시, 재설치 필요 – 장비에 종속	– 웹브라우저에 설치되며, 로그인 접속만 하면 사용 가능 – PC, 모바일 기기가 변경되어도 지원 웹브라우저 로그인만 되면 사용 가능 – 장비 비종속	PrivateKey 보관	– PublicKey / PrivateKey / MasterKey 인쇄한 형태로 은행 금고에 보관
암호화폐 지갑	Metamask, Kaikas, Pantom, yEtherWallet(MEW), Enjin		나노S(Ledger NanoS), 트레저(Trezor), 킵키(Keepkey), 카세(KASSE), 블로키월렛(Blockey Wallet)	

[그림 3-1-3] 인터넷 연결에 따른 암호화폐 지갑 분류 재구성

○ 소프트웨어 지갑

우리가 주로 많이 사용하는 것은 핫 월렛(Hot Wallet)의 소프트웨어 지갑 중 Web형

태인 Metamask, Kaikas인데, 이는 크롬 웹브라우저의 확장 프로그램으로 제공되어 설

치하므로 크롬 웹브라우저 로그인만 되면 어디서든 사용이 가능하다.

[그림 3-1-4] 주요 소프트웨어 지갑

○ 하드웨어 지갑

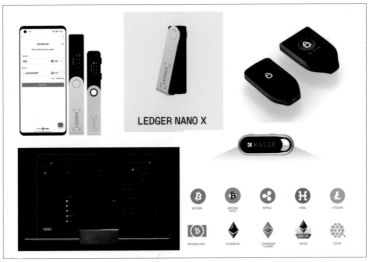

[그림 3-1-5] 하드웨어 지갑 종류

(이미지: trezor.io, shop.ledger.com, shapeshift.com/keepkey, kasse.world)

○ 종이 지갑

종이 지갑은 아래 그림과 같이 QR코드 형태로 공개 주소와 개인 키가 표현된 프린트물로, 실제 종이에 인쇄된 지갑이다. QR코드를 스캔하여 디지털 기기에서 사용하는데, 사용하기 전까지는 오프라인 상태이므로 온라인 해킹 공격에 상당히 안전하지만 사용상의 불편 사항이 있고 일부 금액의 전송이 아닌 전체 자금을 일괄 전송한다는 단점이 있다.

[그림 3-1-6] 종이 지갑의 예시

(2) 관리 주체에 따른 분류

암호화폐 지갑을 누가 관리하느냐에 따라 "개인 지갑", "거래소 지갑"으로 나누기도 한다. 대부분 개인 지갑을 많이 사용하지만, 거래소 NFT 거래, 코인 전송의 편의성 때문에 거래소 지갑도 많이 보유하는 편이다.

[표 3-1-1] 관리 주체에 따른 암호화폐 지갑 분류 재구성

구분	개인 지갑	거래소 지갑
관리 주체	개인	암호화폐 거래소
특징	○ 핫 월렛이든, 콜드 월렛이든 개인이 보관하고 사용 및 관리하는 지갑 형태 ○ 관리의 모든 책임은 개인에게 있음	○ 거래소에서 제공하고 관리하는 지갑 형태 ○ 사용 시 거래소 사이트 접속 필요 ○ 거래소 보안에 의존
종류	○Metamask, Pantom, Kaikas, Klip 등 개인이 관리하는 핫 월렛 ○개인이 보관/관리하는 모든 콜드 월렛	○ 업비트, 빗썸, 바이낸스 지갑 등

02 암호화폐 지갑 설치하기

  지금부터 설치할 대표적인 암호화폐 지갑은 전 세계에서 가장 많이 사용하는 이더리움 지갑인 메타마스크(MetaMask)와 국내 NFT 시장에 많이 사용하는 클레이튼(Klaytn) 지갑이다. 클레이튼 지갑은 PC에서 사용하는 카이카스(Kaikas)와 모바일용인 클립(Klip)이 있다.

  암호화폐 디지털 지갑 설치 프로그램은 대부분 "Chrome 웹브라우저"의 확장 프로그램으로 제공되기 때문에 PC에 "Chrome 웹브라우저"가 미리 설치되어 있어야 한다. 만약 설치되어 있지 않다면, 아래 그림을 참고하여 신속히 설치해 보자.

[그림 3-2-1] Chrome 웹브라우저 프로그램 설치

① Windows10 이상의 OS에서 기본적으로 설치되어 있는 MS Edge 웹브라우저를 실행시킨다.

② 검색창에서 "google chrome" 문구를 입력하여 검색한다.

③ 검색된 Chrome 웹브라우저 링크를 클릭한다.

④ Chrome 웹브라우저 설치 프로그램이 다운로드되는데, 파일 탐색기에서 "즐

겨찾기"의 "다운로드" 폴더에 저장된다.

⑤ 다운로드가 완료되면 팝업창이 나오는데, 거기서 "파일 열기"를 클릭하면 설치가 진행된다.

⑥ 웹브라우저 프로그램이 설치되고 있음을 확인하고, 완료되면

⑦ 바탕화면에 Chrome 웹브라우저 아이콘이 생성된다.

1) 메타마스크(Metamask)

메타마스크(Metamask)는 2016년 블록체인 소프트웨어 회사인 컨센시스(Consensys)에서 제작한 암호화폐 지갑으로, 이더리움 블록체인 네트워크에서 운영되며 현재 월간 사용자 3,000만 명이 넘으며 사용률이 가장 높은 암호화폐 지갑이다.

(1) 지갑 생성하기

[그림 3-2-2] Chrome 웹스토어 검색

① 구글 검색창에서 "Chrome 웹스토어"를 검색한다.

② Chrome 웹스토어 URL 주소를 클릭하여 접속한다.

[그림 3-2-3] Chrome 웹스토어에서 확장 프로그램 검색

③ Chrome 웹스토어에서 영어로 metamask를 검색해야 갈색 여우 머리를 빠르게 찾을 수 있다.

④ MetaMask 확장 프로그램을 클릭한다.

[그림 3-2-4] Metamask 확장 프로그램 추가

⑤ [Chrome에 추가]를 클릭하면 나오는 팝업창에서

⑥ 번의 [확장 프로그램 추가] 클릭한다.

⑦ 잠시 후, MetaMask가 Chrome에 추가되었다는 알림 메시지 창이 나오면서 상단에 여우 머리 아이콘이 생겼다 메시지 창과 함께 사라진다. 자주 사용한다면, 여우 머리 아이콘을 웹브라우저에 고정할 수 있는데, 다음 장에서 따로 알아보겠다.

[그림 3-2-5] 메타마스크 지갑 생성 시작하기

⑧ Metamask 지갑 [시작하기]를 클릭하면,

⑨ 와 같이 신규로 지갑을 설치하는 [지갑 생성]과 기존 지갑을 사용 PC로 가져오는 [지갑 가져오기] 방법이 있다. 지금은 지갑 생성을 먼저하고 다음 장에서 [지갑 가져오기]를 해 보겠다.

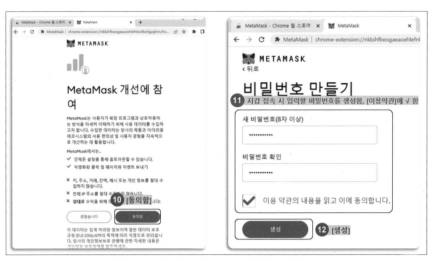

[그림 3-2-6] 메타마스크 지갑 비밀번호 만들기

⑩ [동의함]을 클릭하면,

⑪ 다음에 메타마스크 지갑을 사용할 때 입력할 비밀번호를 생성한다.

⑫ 비밀번호 규칙에 대해서 나와 있지는 않지만 영문, 숫자, 특수문자를 섞어 생성한다.

[그림 3-2-7] 지갑 보호하기

⑬ 비밀번호를 잊어버렸을 경우, 찾을 수 있는 중요한 복구 구문이나 유의 사항을
  잘 읽어 보고 동영상을 참조하기 바란다.

⑭ 충분히 이해했으면 [다음]을 클릭한다.

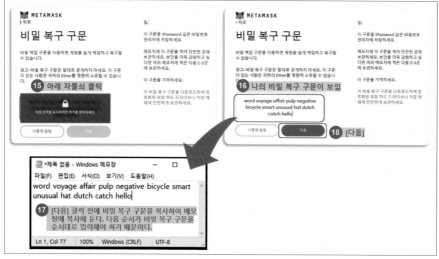

[그림 3-2-8] 비밀 복구 구문 입력

⑮ 자물쇠를 클릭하면 가려져 있는 비밀 복구 구문이

⑯ 과 같이 보이게 된다.

⑰ ⑱번 [다음]을 클릭하기 전에, 비밀 복구 구문을 복사하여 메모장에 복사해 둔
  다. 왜냐하면, 다음 순서가 비밀 복구 구문을 순서대로 입력해야 하기 때문이다.

⑱ [다음]을 클릭한다.

[그림 3-2-9] 비밀 백업 구문 확인 및 지갑 생성 완료

⑲ 앞에서 복사해 둔 메모장의 비밀 복구 구문을 보며, "B" 영역에서 순서대로 해당 구문을 클릭하여 "A"영역에 표기한다.

⑳ 올바르게 비밀 복구 구문을 입력했다면, [확인] 클릭 후 ㉑과 같이 지갑 생성이 완료된다.

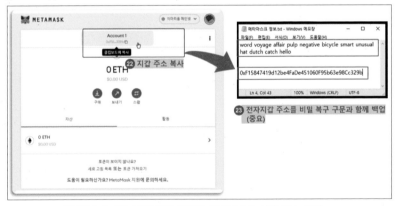

[그림 3-2-10] 비밀 백업 구문과 메타마스크 지갑 주소 백업

필자는 ㉒과 같이 지갑 주소를 복사하여,

㉓ 조금 전 비밀 복구 구문을 복사해 둔 메모장에 함께 복사해서 보관하고 있다.

메모장은 평문으로 모두 보이므로, 엑셀 파일이나 암호를 걸어둘 수 있는 파일로 만들어 두면 좀 더 안전하게 보관할 수 있다.

(2) 기존 지갑 가져오기

메타마스크 지갑을 기존에 생성하여 사용해 온 상황이라면, 다른 PC에 메타마스크를 설치할 경우, 지갑을 가져오기 하면 기존 사용 지갑을 계속해서 사용할 수 있다.

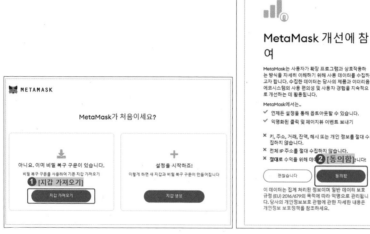

[그림 3-2-11] 기존 사용하고 있는 메타마스크 지갑 가져오기

① 기존에 사용해 오고 있는 메타마스크 지갑이 있다면, 지갑 설치 때 [지갑 가져오기]를 선택한다.

② [동의함] 버튼을 클릭한다.

[그림 3-2-12] 기존 메타마스크 지갑의 비밀 복구 구문 입력 및 비밀번호 설정

③ 기존 사용하고 있던 지갑의 비밀 복구 구문을 순서대로 입력한다.

④ 설치하는 PC에서 사용할 메타마스크 지갑 비밀번호를 설정한다.

⑤ [이용 약관]에 체크한다.

⑥ [가져오기]를 클릭하면, 메타마스크 로그인된 화면 창이 나타나면서 기존 메타
마스크 지갑 주소를 확인할 수 있고, 설치된 PC에서 지갑의 연속적인 사용이
가능해진다.

(3) 지갑 아이콘 고정하기

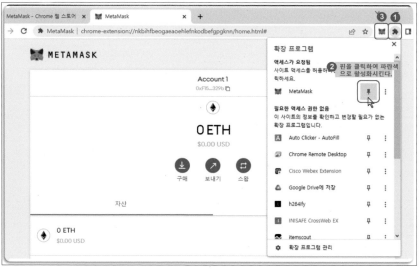

[그림 3-2-13] 메타마스크 지갑 아이콘 브라우저 고정

① 메타마스크 접속 창에서 우측 상단의 ✲를 클릭하면 보이는 메뉴에서

② MetaMask의 핀을 클릭하여 활성화시킨다. 📌 ➡ 📌

③ 과 같이 여우 머리 아이콘 🦊이 Chrome 웹브라우저에서 고정되어 항상 보
이게 된다.

1장: NFT(Non-Fungible Token)란?

2장: NFT 활용사례

3장: 디지털 지갑(Digital Wallet)

(4) 비밀 복구 구문 재확인

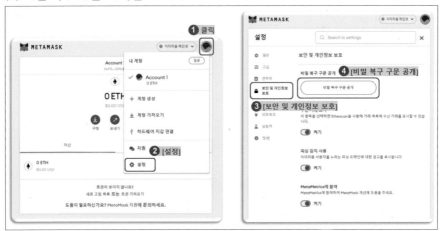

[그림 3-2-14] 메타마스크에서 비밀 복구 구문 확인 메뉴

① 접속된 메타마스크 창에서 우측 상단의 ● 를 클릭하면 보이는 메뉴에서

② [설정]을 클릭한다.

해당 메뉴에서 ③ [보안 및 개인 정보 보호]를 클릭하면,

④ 비밀 복구 구문을 확인할 수 있는 버튼이 나온다. [비밀 복구 구문 공개] 클릭한다.

[그림 3-2-15] 비밀 복구 구문 확인 및 엑셀 파일 다운로드

⑤ 메타마스크 접속 시, 사용한 비밀번호를 입력한다.

⑥ 보이는 비밀 복구 구문을 확인한 후 백업을 할 수 있는데, [클립보드에 복사]를
   클릭해서 다른 저장 파일에 붙여 넣기를 할 수도 있고, [CSV 파일로 저장] 클릭
   하여

⑦ 엑셀 형식의 파일로 다운로드 후, 암호화해서 저장할 수 있다.

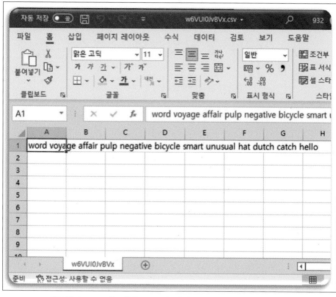

[그림 3-2-16] 다운로드된 비밀 복구 구문 엑셀 파일

(5) 비밀번호 복구 방법

[그림 3-2-17] 비밀번호 오입력

① Chrome 웹브라우저에서 메타마스크를 클릭하면, 비밀번호 입력 로그인 창이 보인다.

② 비밀번호를 오입력하면 "Incorrect password" 메시지가 보인다. 이때 비밀번호를 새로 설정하려면

③ [Forgot password?]를 클릭하여 비밀번호 복구 화면으로 이동하자.

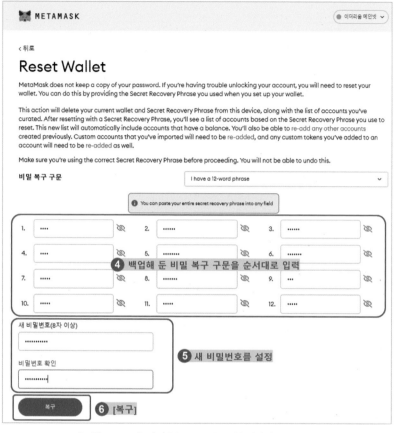

[그림 3-2-18] 비밀 복구 구문을 통한 비밀번호 복구

④ 앞서 백업해 둔 비밀 복구 구문이 있다면 쉽게 비밀번호를 복구할 수 있다. 순서대로 비밀 복구 구문을 입력하고,

⑤ 새 비밀번호를 설정 후,

⑥ [복구]를 클릭하면 바로 로그인이 된 MetaMask 첫 화면이 나타난다.

(6) 네트워크 추가

메타마스크는 기본적으로 이더리움 네트워크에 연결되어 있다. 다른 블록체인 네

1장 NFT(Non-Fungible Token)란?

2장 NFT 활용사례

3장 디지털 지갑(Digital Wallet)

트워크를 사용할 경우에는 해당 블록체인 네트워크가 메타마스크에 설치되어 있어야 한다.

다양한 블록체인 네트워크가 존재하지만, 가장 많이 사용하는 네트워크는 폴리곤(Polygon), 클레이튼 (Klaytn), 바이낸스(Binance) 블록체인 네트워크가 있으며, 각 네트워크의 정보는 아래 그림과 같다.

네트워크 이름은 임의로 사용자가 해당 네트워크를 표현하는 이름으로 정의하면 되고, 통화 기호와 블록 탐색기는 필수 사항이 아닌 선택적인 요소이다.

단, RPC URL과 체인 ID 정보는 반드시 있어야 하는 정보임을 인지해 두자.

그럼 각 블록체인 네트워크를 추가해 보도록 하자.

구분	폴리곤 네트워크	클레이튼 (Klaytn) 네트워크	바이낸스 네트워크
네트워크 이름	Matic Mainnet	Klaytn Mainnet	Binance Smart Chain
*RPC URL	https://polygon-rpc.com	https://public-node-api.klaytnapi.com/v1/cypress	https://bsc-dataseed.binance.org
*체인 ID	137	8217	56
통화 기호	MATIC	KLAY	BNB
블록 탐색기		https://scope.klaytn.com	https://bscscan.com

[그림 3-2-19] 주요 블록체인 네트워크 정보

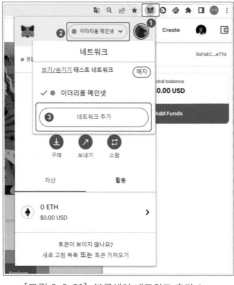

[그림 3-2-20] 블록체인 네트워크 추가-1

① 크롬 웹브라우저를 열고 메타마스크를 실행시킨다.

② [이더리움 메인넷]을 클릭한다.

③ [네트워크 추가]를 클릭한다.

[그림 3-2-21] 폴리곤(Matic) 블록체인 네트워크 추가 설정

해당 네트워크 정보를 입력하고 저장한 후, 네트워크가 추가되었는지 확인한다.

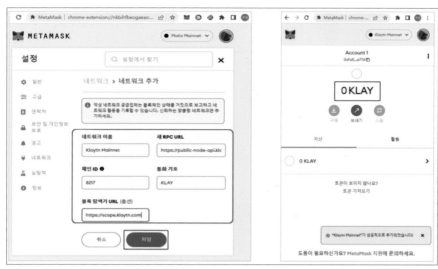

[그림 3-2-22] 클레이튼(Klaytn) 블록체인 네트워크 추가 설정

해당 네트워크 정보를 입력하고 저장한 후, 네트워크가 추가되었는지 확인한다.

[그림 3-2-23] 바이낸스(Binance) 블록체인 네트워크 추가 설정

해당 네트워크 정보를 입력하고 저장한 후, 네트워크가 추가되었는지 확인한다.

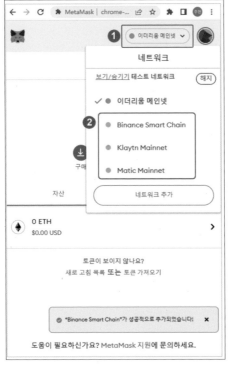

[그림 3-2-24] 추가된 3개의 블록체인 네트워크 확인

2) 카이카스(Kaikas)

(1) 지갑 생성하기

[그림 3-2-25] 크롬 웹스토어에서 카이카스 지갑 검색

① 웹브라우저에서 [크롬 웹스토어]를 검색하여

② 크롬 웹스토어 사이트에 접속한다.

③ 크롬 웹스토어의 검색창에서 "카이카스"를 검색하면,

④ 확장 프로그램에 Kaikas 프로그램이 보이면, 클릭한다.

[그림 3-2-26] Kaikas 확장 프로그램 설치

⑤ [Chrome에 추가]를 클릭하면,

⑥ 별도 팝업창이 나타나는데, [확장 프로그램 추가] 버튼을 클릭하면

⑦과 같이 확장 프로그램 설치가 완료되었다는 화면이 나온다. 여기서 "Kaikas 이용 전 주의 사항"을 클릭하면 공지 사항이 나오는데, 처음 접하시는 분들은 꼭 한번 읽어 보실 것을 권장한다.

[그림 3-2-27] 카이카스 지갑을 크롬 웹브라우저에 고정시키기

Kaikas도 크롬 확장 프로그램이기에 MetaMask처럼 크롬 웹브라우저에 지갑 아이콘을 고정시킬 수 있다.

⑧번부터 ⑫번까지 진행해 본다.

[그림 3-2-28] Kaikas 지갑 비밀번호 설정

⑬ Kaikas 지갑을 사용할 때 입력할 비밀번호를 설정하는데, 영문 대문자, 영문 소문자, 숫자, 특수문자를 각각 1개 이상 포함해서 비밀번호를 입력해야 한다. Kaikas 지갑은 비밀번호에 반드시 대문자 한 개 이상이 들어간다는 것을 꼭 기억해 두기를 바란다.

⑭ [생성]을 클릭하면 Kaikas 지갑 신규 생성 화면으로 들어가게 된다.

[그림 3-2-29] Kaikas 지갑 생성

⑮ 사용할 지갑 계정 이름을 입력하고,

⑯ [생성]을 클릭하면 "안전 사용 가이드" 공지 내용이 보이는데, 아주 중요한 내용
이므로 꼭 읽어 보기 바란다. 시드 구문을 잃어버리면 지갑의 비밀번호를 잊어버
릴 때 지갑에 접속할 수 있는 방법이 없어진다. 반드시 시드 구문을 보관해 두고

아무에게도 알려 주어서는 안 된다.

⑰ [다음]을 클릭하여

⑱ 보이는 시드 구문을 반드시 메모해 두고 안전한 곳에 보관해 두자.

⑲ [예, 안전한 곳에 보관했습니다.] 를 클릭하면 "시드 구문 입력" 부분이 보이는데,

⑳ 방금 메모해 둔 시드 구문을 차례대로 줄 바꿈 없이 주욱 나열해서 입력하자. 줄 바꿈은 자동으로 적용되며, 입력 과정에서 사용자가 줄 바꿈해서 입력하면 잘못 된 시드 구문으로 인식하게 된다. ㉑ [확인] 클릭

[그림 3-2-30] Kaikas 지갑 생성 완료

시드 구문 보관 및 확인 절차가 완료되었다면, Kaikas 지갑이 생성된 것이다.

㉒ [Kaikas 시작하기]를 클릭하면 Kaikas 지갑의 메인화면이 나타난다.

(2) 계정 정보

[그림 3-2-31] 계정 이름 변경

지갑의 계정 이름을 변경하고자 할 경우,

① 기존 계정 정보를 클릭한다.

② 기존 계정 이름 옆에 ✏️를 클릭하면

③ 계정 이름을 변경할 수 있다.

④ 변경할 계정 이름 입력 후, [완료] 클릭

(3) 지갑 키 내보내기

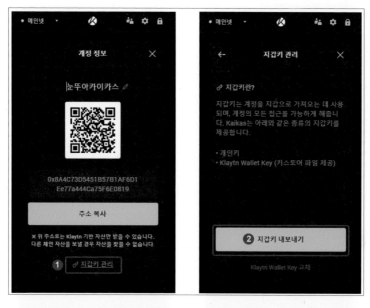

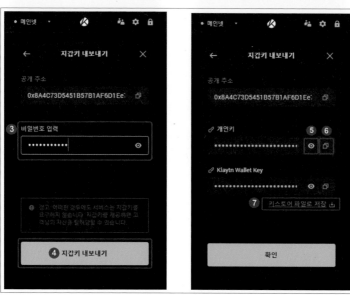

[그림 3-2-32] 지갑 키 내보내기

앞서 [그림 2-2 31]에서와 같이 계정 정보로 접근하여

① 하단 [지갑 키 관리]를 클릭하면 지갑 키의 용도에 대한 설명이 나온다.

* 지갑 키

> 기존 사용하는 Kaikas 지갑의 계정을 다른 PC에 설치된 Kaikas 지갑으로 옮길 때 필요하며, 계정의 모든 권한을 가지게 되므로 시드 구문과 함께 안전한 곳에 보관해 두어야 한다. 지갑 키는 개인 키와 Klaytn Wallet Key(키스토어 파일) 두 가지 형태로 제공된다.

② [지갑 키 내보내기]를 클릭하고

③ 비밀번호를 입력한 후, 다시

④ [지갑 키 내보내기]를 클릭하면 개인 키와 Klaytn Wallet Key(키스토어 파일로 저장) 화면이 나타난다.

⑤ 번은 키를 확인할 수 있고,

⑥ 번은 키를 클립보드에 복사할 수 있다.

⑦ Klaytn Wallet Key는 키스토어 파일로 저장할 수 있는데, 해당 부분을 클릭하면,

⑧ 비밀번호를 입력하고 [완료]를 클릭하면,

⑨ [내 PC] - [다운로드] 경로에 json 파일이 생성되는 것을 확인할 수 있다.

(4) 기존 지갑 복구하기

기존에 카이카스 지갑을 가지고 있고 그 지갑의 시드 구문을 알고 있다면, 지갑 생성보다는 지갑 복구를 진행해 볼 수 있다.

[그림 3-2-33] 기존 지갑 복구

① 기존 사용 중인 Kaikas 지갑의 시드 구문을 알고 있다면, [복구]를 클릭하여

② [시드 구문 입력]란에 보관해 두고 있는 시드 구문을 입력한다.

③ [복구] 클릭하면 나오는 "안전 사용 가이드"를 주의 깊게 일독을 하고,

④ [Kaikas 시작하기]를 클릭한다. 그럼 Kaikas 지갑의 메인화면으로 바뀌게 된다.

(5) 계정 관리

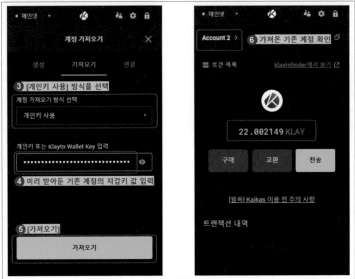

[그림 3-2-34] 기존 계정 정보 가져오기

① 상단 사람 모양 아이콘을 클릭하면 계정 관리 메뉴가 나오는데,

② 다른 카이카스 계정의 정보를 가져오기 할 때 사용한다. [가져오기] 클릭

③ 계정 가져오기 방식은 [개인 키 사용] / [키스토어 파일 사용] 두 가지 방식이 있
　는데, [개인 키 사용]은 지갑 키를 넣으면 되지만, 키스토어 파일은 지갑 키 파
　일을 별도로 업로드해야 한다.

④ 이때 기존 계정의 지갑 키는 미리 보유 여부를 확인해 둬야 한다. 미리 받아둔
　기존 계정의 지갑 키를 입력한다.

⑤ [가져오기] 클릭하면,

⑥ 기존 계정이 잘 복구되었는지 보유한 클레이와 지갑 주소를 확인해 본다.

(6) 시드 구문 보기

[그림 3-2-35] 시드 구문 보기

시드 구문을 분실했을 경우, Kaikas 지갑에서 확인할 수 있는데,

① 오른쪽 상단 ⚙ [설정]을 클릭해서

② [시드 구문 보기]로 들어간다.

③ 지갑의 비밀번호를 입력하고

④ [다음]을 클릭하면,

⑤ 시드 구문을 확인할 수 있다. [클립보드에 복사]를 클릭하여 복사하거나

⑥ [파일로 다운로드] 받아 보관할 수 있는데,

종이에 적어서 안전하게 보관할 것을 권장하며, 파일로 보관 시 반드시 비밀번호를 걸어 보관토록 하자.

(7) 토큰 추가

[그림 3-2-36] 토큰 추가 (토큰이 검색될 때)

① 다른 토큰을 추가하고자 할 경우, [토큰 목록]을 클릭한 후

② [토큰 추가]를 클릭한다.

③ 선미야클럽 NFT 프로젝트에서 사용되는 Favor 토큰을 추가해 보겠다.

우선 토큰 검색을 통해 해당 토큰이 있다면, ④-⑤-⑥ 순으로 클릭하면 토큰이 추가된다.

하지만 토큰이 검색해도 나오지 않을 경우엔 추가하고자 하는 토큰의 콘트랙트 주소를 미리 확인해 두어야 한다. Favor는 추가했으니, kCAT 토큰을 [사용자 정의 토큰]에서 추가해 보도록 하겠다.

▷ 추가할 토큰명: kCAT

▷ kCAT 콘트랙트 주소: 0x4678118d899ed2f4c17a8e7c870ecdf00cfe99bf

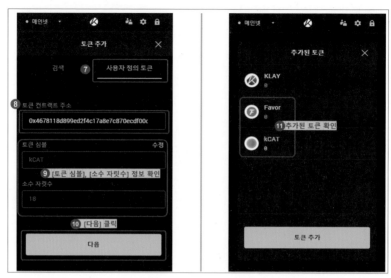

[그림 3-2-37] 사용자 정의 토큰 추가(왼쪽) / 추가된 토큰 확인(오른쪽)

⑦ [사용자 정의 토큰]을 클릭하면

⑧ 토큰 콘트랙트 주소 입력창이 나오는데, 미리 확인해 둔 kCAT 콘트랙트 주소를 입력한다.

⑨ 콘트랙트 주소를 입력하면 토큰 심볼과 소수 자릿수 정보가 자동으로 입력된다.

⑩ [다음] 클릭 후, [그림 3-2-36]의 ⑥ [추가]를 클릭하면 토큰이 추가된다.

⑪ [토큰 목록]을 다시 클릭해 보면, ⑪과 같이 추가된 토큰을 확인할 수 있다.

(8) 네트워크 추가

[그림 3-2-38] 블록체인 네트워크 추가 설정 화면

Kaikas도 MetaMask처럼 블록체인 네트워크를 추가할 수 있는 기능이 있다.

하지만 대부분 MetaMask에 폴리곤 네트워크나 클레이튼 네트워크를 추가해서 사용하므로 Kaikas에서 등록해서 사용하는 경우는 거의 없을 것이다.

해당 기능은 MetaMask 의 "네트워크 추가" 부분을 참고하기 바란다.

3) | 클립(Klip)

디지털 지갑 클립은 카카오톡 앱에서 사용할 수 있기 때문에 설치는 모바일 환경에서 진행된다.

(1) 지갑 설치하기

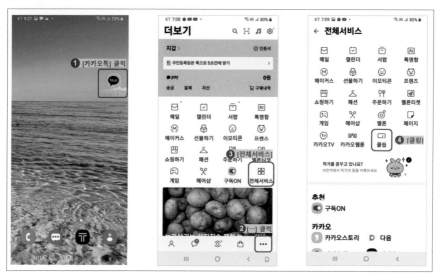

[그림 3-2-39] 카카오톡에서 디지털 지갑 "클립" 찾기

① 스마트폰을 꺼내어 대부분 사용하고 있는 카카오톡을 실행시킨다.

② 우측 하단에 ⋯ 클릭하면,

③ [전체 서비스] 아이콘이 보인다.

④ [전체 서비스] 아이콘을 클릭해서 들어가면 [클립]을 찾을 수 있다.

[그림 3-2-40] 카카오 계정으로 "클립" 가입하기

⑤ 카카오 계정으로 클립에 가입해 보자. [카카오 계정으로 가입하기]를 클릭한다.

⑥ 우선 카카오 계정에서 제공하는 추가 정보를 받기 위해 [계속하기]를 클릭한다.

⑦ 개인 정보 수집 및 관련 정보 수집 이용에 대한 동의 절차를 거친다.

[모두 동의합니다.]에 체크(✓)를 하면 아래 나머지 항목에 대해서도 일괄 체크되고, [확인] 버튼이 활성화된다.

⑧ [확인]을 클릭한다.

[그림 3-2-41] 클립에 가입하기 위한 본인 인증 및 카카오 제공 정보에 대한 동의

⑨ 본인 확인 진행을 위해 주어진 항목 [이름], [주민등록번호], [휴대폰 정보]를 입력한다.

⑩ 휴대폰 번호까지 입력을 했으면 [인증 요청]을 클릭하고,

⑪ [다음]을 클릭하면 잠시 후,

⑫ 본인 인증번호가 문자로 수신된다. 이때 인증번호 6자리를 확인해서

⑬ [인증번호 6자리] 입력란에 기재한다.

⑭ 카카오 동의 항목을 읽어 보고 [전체 동의하기]에 체크(✓)한 후,

⑮ [동의하고 계속하기]를 클릭한다.

[그림 3-2-42] 클립에서 사용할 비밀번호 설정 및 내 지갑 주소 확인하기

⑯ 클립 지갑에서 사용할 비밀번호 6자리를 설정하고

⑰ [확인]을 클릭하면 클립 디지털 지갑 설치가 완료된다. 설치된 클립 지갑의 메인화면에서

⑱ [내 주소 보기]를 클릭하면 아래와 같이 클립 지갑 주소 정보를 확인할 수 있다.

[그림 3-2-43] 클립 지갑 주소

(2) Google OTP 설정

OTP는 "One-Time Password"의 약자로, 해킹을 방지하는 또 다른 안전장치 역할을 하는 2차 인증 수단이다. 자신의 계정으로 타인이 로그인하는 것을 막아 주는 보호 역할을 해주므로 디지털 자산을 담아 두는 지갑인 "클립"을 설치 완료했다면 Google OTP는 반드시 설치해 두도록 하자.

[그림 3-2-44] Google OTP 설정 들어가기

Ⓐ 배너 화면을 클릭하면 아래 그림의 ④ [OTP 설정하기] 화면으로 바로 들어갈

수 있지만, 만약 "구글 OTP 등록" 배너 화면이 보이지 않는다면,

①번 ☰을 클릭하여

② [설정] - ③ [OTP 설정]을 클릭한다.

[그림 3-2-45] Google OTP 가입하기

④ [OTP 설정하기]를 클릭하여

⑤ "클립"에서 설정한 비밀번호를 입력한다. OTP 설정 단계 화면에서 ⑥ [복사]
버튼을 클릭하면 왼쪽 키가 복사된다.

⑦ Google OTP 앱이 설치되어 있지 않다면, "여기"를 클릭하여 아래 그림과 같
이 Google OTP 앱을 설치한다.

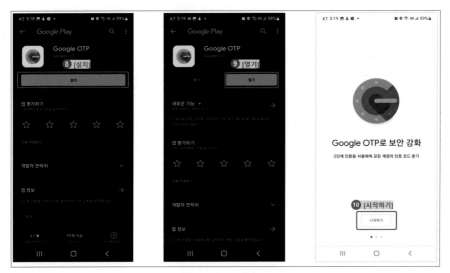

[그림 3-2-46] Google OTP 설치하기

⑧ [설치] - ⑨ [열기]를 하여

⑩ [시작하기]를 클릭하면 Google OTP 설정 화면으로 들어가게 된다.

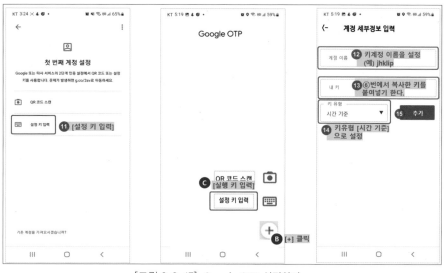

[그림 3-2-47] Google OTP 설정하기

⑪ 메뉴 선택 화면에서 [설정 키 입력]을 클릭한다.

"계정 세부 정보 입력" 화면에서 ⑫ [계정 이름] 설정하고

⑬ 앞서 ⑥번에서 복사한 키를 붙여넣기 한다.

⑭ 키 유형은 [시간 기준]으로 설정해 둔다.

⑮ [추가]를 클릭한다.

[그림 3-2-48] Google OTP 번호

Google OTP 앱이 미리 설치되어 있는 경우 ⑦-⑧-B-C 순으로 메뉴가 진행되어 Google OTP 설정을 할 수 있다. Google OTP 설정이 완료되면 왼쪽과 같이 OTP 번호를 확인할 수 있다.

4

NFT 마켓플레이스(NFT Marketplace)

NFT를 일반적으로 컴퓨터나 온라인상에 존재하는 "디지털 자산의 정품 인증서"라고 말한다.

정품인 물건을 거래하기 위해 판매점인 마트나 백화점, 온라인 스토어, 중고 마켓 등에 이때 NFT 작품 또는 NFT화된 디지털 자산을 거래하는 곳을 NFT 마켓플레이스라고 한다.

NFT 제작 주체	사용자 접근 유형	접근성 설명	NFT 마켓플레이스(접속 주소)
사용자 제작 NFT 마켓플레이스	무허가형 (오픈형)	누구나 다 쉽게 NFT 제작	오픈씨(opensea.io) 라리블(rarible.com)
	부분 선별형 (초대형)	초대받은 사람만 NFT 제작	파운데이션(foundation.app)
	완전 선별형 (심사형)	심사에 통한 사람만 NFT 제작	니프티게이트웨이(niftygateway.com) 슈퍼레어(superrare.com) 노운오리진(knownorigin.io)
비사용자 제작 NFT 마켓플레이스	일반 사용자 아님	사용자가 아닌 특정 블록체인 기업	NBA톱샷(nbatopshot.com) 베브(veve.me)
메타버스 NFT 마켓플레이스	메타버스에서의 NFT 거래	온라인 웹사이트가 아닌 메타버스 플랫폼 안에 있는 NFT 마켓플레이스	디센트럴랜드(decentraland.org) 크립토복셀(Cryptovoxels.com) 솜니움스페이스(somniumspace.com) 샌드박스(sandbox.game/kr) 온사이버(oncyber.io)

[표 4-1] NFT 마켓플레이스 종류 재구성 (출처: NFT 레볼루션, 성소라 외)

01 사용자 제작 NFT 마켓플레이스

NFT 마켓플레이스 종류를 일반 사용자가 직접 NFT 제작에 참여할 수 있는 정도에 따라 무허가형(누구나 다 NFT 제작 가능), 부분 선별형(초대된 사람만 NFT 제작 가능), 완전 선별형(엄격한 심사를 통과한 사람만 NFT 제작 가능)으로 나눌 수 있다.

1) 무허가형(오픈마켓형)

무허가형은 아무런 제약 없이 누구나 다 쉽게 NFT 마켓플레이스에 접속해서 자신의 디지털 자산, 작품 등 미디어 파일을 NFT로 발행(Minting)할 수 있다. 또한, 스마스토어나 온라인 쇼핑몰처럼 자신의 컬렉션(판매 숍)을 만들어 NFT 디지털 자산 판매도 가능한 오픈형 마켓플레이스이다. 이 유형에 해당하는 대표적인 NFT 마켓플레이스는 오픈씨와 라리블이 있다.

(1) 오픈씨(opensea.io)

2017년 12월에 오픈된 세계 최대 규모의 NFT 마켓플레이스로, 일반 사용자가 쉽게 사용하기 좋아 많은 회원이 사용하고 있다. 이더리움 기반의 네트워크를 사용하며, 그 외 Polygon, 클레이튼 등의 블록체인 네트워크도 지원하고 있다. 메타마스크나 카이카스 암호화폐 지갑으로 로그인할 수 있다.

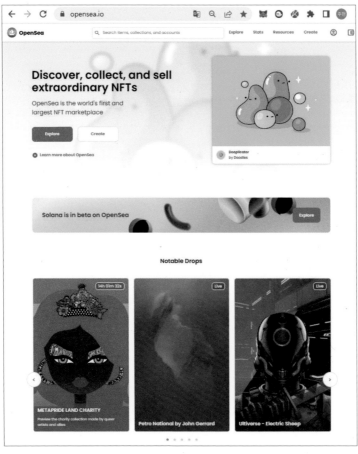

[그림 4-1-1] 오픈씨 마켓플레이스 접속 화면

4장 NFT 마켓플레이스
(NFT Marketplace)

5장 NFT 발행/판매 등록/작품구매
(Minting/Listing/Buy)

6장 NFT 프로젝트 사례

7장 온사이버(onCyber)와
디센트럴랜드(Decentraland)

1) 무허가형(오픈마켓형)　109

[그림 4-1-2] 오픈씨(opensea.io) 등록된 지난 한 달간 TOP 컬렉션 (2022.06.기준)

우리가 자주 들어 왔던, 〈Bored Ape Yacht club〉과 〈CryptoPunks〉의 NFT 작품은 오픈씨의 최근 한 달간 TOP 순위에서 1, 2위를 차지하고 있는 것을 볼 수 있다.

○ 오픈씨 특징

- 누구나 쉽게 NFT를 제작 및 판매가능

- 판매수수료가 2.5%로 저렴한 편

- NFT 거래 시 암호화폐로만 거래 가능

- 이더리움 블록체인 기반으로 가스피가 비싼 편

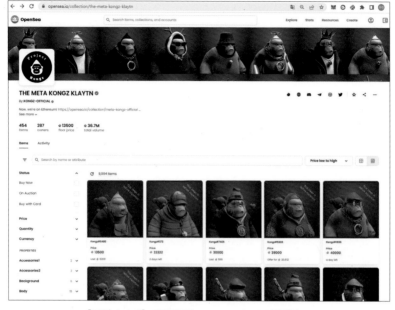

[그림 4-1-3] 메타콩즈(MetaKongz) NFT 컬렉션

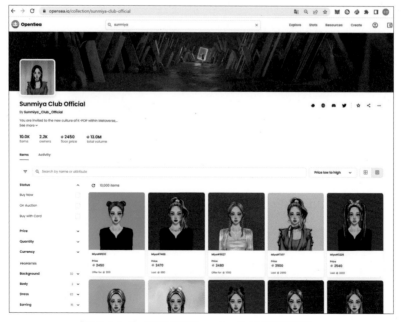

[그림 4-1-4] 선미야클럽(Sunmiya Club) NFT 컬렉션

국내 NFT 프로젝트로 진행된 메타콩즈와 선미야클럽의 NFT 콜렉션도 클레이튼 기반으로 등록되어 있음을 볼 수 있다.

(2) 라리블(rarible.com)

2020년에 공식 시작된 이더리움 기반의 NFT 마켓플레이스로, 오픈씨와 같이 사용자들이 쉽게 NFT를 제작 및 판매 등록할 수 있는 NFT 마켓이다. 특징은 소셜미디어의 팔로우 기능이 적용되어 NFT 창작자를 팔로우하게 되면 그 작가의 NFT 출시에 따른 알림을 받을 수 있다. NFT 제작 및 판매 등록 시 가시피는 무료인데, 등록한 작품을 판매 중지할 때는 가스피가 발생하는 특징이 있다. RARI라는 자체 암호화폐을 사용한다.

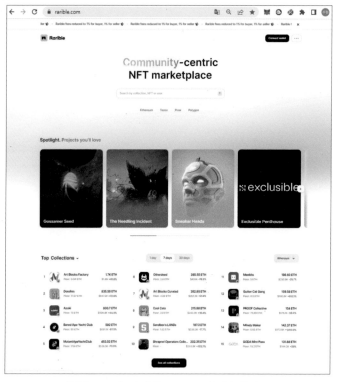

[그림 4-1-5] 라리블(rarible.com) 접속 화면

○ 라리블 특징

- 오픈씨와 플랫폼이 유사

- 소셜미디어의 크리에이터 팔로우 기능

- 누구나 쉽게 NFT를 제작 및 판매 가능

- 판매수수료가 2.5%로 저렴한 편

- NFT 거래 시, 암호화폐로만 거래가 가능

- 이더리움 블록체인 기반으로 가스피가 비싼 편

- 자체 암호화폐인 RARI가 있음

2) | 부분 선별형(초대형)

마켓플레이스에서 이미 활동 중인 작가나 다른 초대권이 있는 누군가에게 초대를 받아야 작품을 올릴 수 있는 특성을 가진 NFT 마켓플레이스로, 대표적으로 파운데이션이 있다.

(1) 파운데이션(foundation.app)

파운데이션은 2021년 2월에 출범한 커뮤니티 기반의 운영 시스템을 가지고 있다. 회원 가입은 누구나 가능하지만, 작품을 민팅하기 위해서는 커뮤니티에서 선별되어 활동 중인 작가의 초대를 받은 작가만이 가능하다. 파운데이션은 커뮤니티에서 선별된 작가의 작품이 팔리게 되면, 그 작가에게 초대 권한을 주어 다른 아티스트들을 초대하는 시스템이 특징이다. 일반 작가들이 쉽게 접근하지 못하지만, 진입 장벽이 있는 만큼 NFT 작품에 대한 퀄리티는 높은 편이라 볼 수 있다. 하지만 가스피나 수수료가 상대적으로 비싼 편에 속한다.

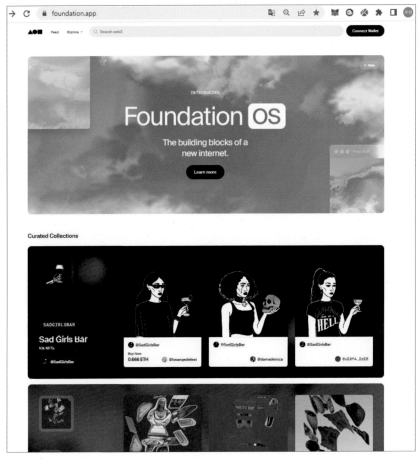

[그림 4-1-6] 파운데이션(foundation.app) NFT 마켓플레이스 접속 화면

○ 파운데이션 특징

- 예술가와 수집가 참여하는 커뮤니티 기반으로 운영

- 초대 받은 작가들만 작품 등록 가능

- 주로 예술품 NFT 거래가 많음

- 진입장벽이 있어, 작품 퀄리티 높음

- 판매수수료가 15%로 상당히 높은 편

3) | 완전 선별형(심사형)

엄격한 심사를 거쳐 선발된 창작자만이 NFT 작품에 대한 거래를 허용하는 폐쇄적 NFT 마켓플레이스로, 주로 미술작품 NFT를 거래하고 있다. 전통 미술 시장의 아트 갤러리와 유사한 NFT 마켓플레이스이다.

(1) 니프티게이트웨이(niftygateway.com)

고급 NFT 마켓플레이스를 지향하기에 유명 아티스트나 셀럽, 유명 브랜드의 NFT 만 판매하는 것이 특징이다. 고급 퀄리티 작품 판매를 위해 엄격한 심사 과정이 적용되며, 신용카드로 NFT를 구매할 수 있는 대표적인 NFT 마켓플레이스이다. 니프티게이트웨이에서는 작품을 "니프티(Nifty)"라고 하며, 작품을 판매하는 것을 "드롭(drop)한다"라고 말한다.

니프티게이트웨이에서 NFT 아티스트 중 유명한 비플(Beeple), 패리스 힐튼(Paris Hilton), 데드마우스(DeadMou5), 그라임스(Grims)의 NFT 디지털 작품이 판매된 적이 있다.

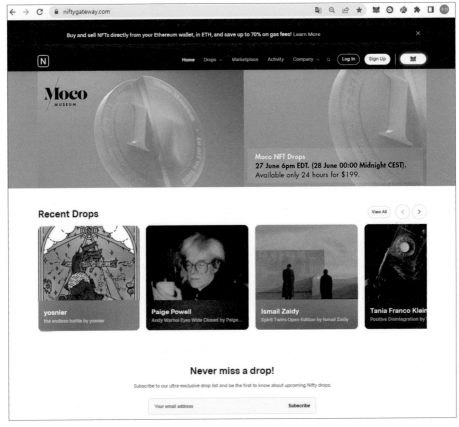

[그림 4-1-7] 니프티게이트웨이(niftygateway.com) 접속 화면

○ 니프티게이트웨이 특징

- NFT 거래 시, 신용카드/직불카드로 결제 구매가능

- 현금인출 위한 별도 계정이 필요(미국암호화폐거래소인 Gemini 계정)

- 엄격한 심사를 거쳐서 선발

- 판매수수료가 15%로 높은 편

- 유명 아티스트나 셀럽, 유명 브랜드 NFT만 판매

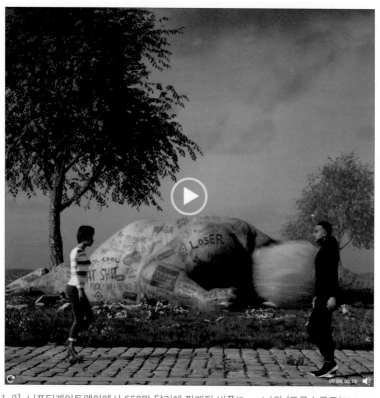

[그림 4-1-8] 니프티게이트웨이에서 660만 달러에 판매된 비플(Beeple)의 〈크로스로드(CROSSROADS)〉
(출처: https://nftartwork.co.uk/nft-artwork/crossroads/)

[그림 4-1-8]은 니프티게이트웨이(niftygateway)에서 660만 달러(한화 약 74억 원)에 판매된 유명 NFT 작가 비플(Beeple)의 〈CROSSROADS〉라는 10초 길이의 동영상 디지털 작품이다.

이 CROSSROADS 프로젝트는 2020년에 치러진 미국 대통령 선거 결과에 따라 두 가지 애니메이션 중 하나만 플레이되는 방식인데, 두 애니메이션 중 하나는 대선에 승리한 트럼프를 표현한 영상이고, 다른 하나는 위 그림에서 보듯이 사람들에게 잊혀 무관심해지고 트럼프 자신도 LOSER가 되어 쓰러져 있는 모습을 보여 주는 10초간의 짧은 애니메이션 영상이다.

4장 NFT 마켓플레이스
(NFT Marketplace)

5장 NFT 발행/판매 등록/작품구매
(Minting/Listing/Buy)

6장 NFT 프로젝트 사례

7장 온사이버(onCyber)와
디센트럴랜드(Decentraland)

[그림 4-1-9] 그라임스의 〈워님프(WarNymph)〉 NFT 디지털 그림 10점 중 1점
(출처: 니프티게이트웨이(niftygateway.com))

위 그림에서 보듯이 니프티게이트웨이에 전시된 그라임스의 〈워님프(WarNymph)〉 NFT 디지털 그림 컬렉션 10점이 온라인 경매를 통해 20분 만에 도합 580만 달러(한화 약 65억 원)에 낙찰되었다. (2021.03.04. SBS뉴스)

[그림 4-1-10] 머스크의 아내, 20분 만에 65억 원 벌었다.
(출처: https://news.sbs.co.kr/news/endPage.do?news_id=N1006229395)

그라임스는 캐나다의 뮤지션이지만, 테슬라 최고경영자(CEO) 일론 머스크의 여자 친구로도 잘 알려져 있다.

● NFT(Non-Fungible Token) 활용 가이드 ●

4장 NFT 마켓플레이스
(NFT Marketplace)

5장 NFT 발행/판매 등록/작품구매
(Minting/Listing/Buy)

6장 NFT 프로젝트 사례

7장 온사이버(onCyber)와
디센트럴랜드(Decentraland)

이런 배경으로 그라임스는 자신의 NFT 작품인 〈워님프(WarNymph)〉에서 묘사한 아기 천사를 '신 창세기의 여신'이라고 주장했다. 그리고 일론 머스크가 추진하는 화성 우주여행 등을 묘사한 것이라는 추측과 함께 온라인 경매 참여자의 많은 관심을 끌어 짧은 시간에 완판됐다고 한다.

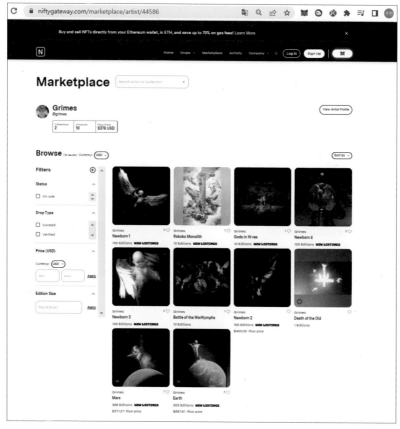

[그림 4-1-11] 니프티게이트웨이에 전시된 그라임스의 NFT 작품들
(출처: https://niftygateway.com/marketplace/artist/44586)

그라임스의 디지털 그림과 함께 그라임스 자신이 부른 노래가 배경 음악으로 흐르는 짧은 영상 작품도 있으니, 니프티게이트웨이의 워님프 컬렉션(WarNymph Collection Vol.1 Open Editions)을 방문하여 작품을 감상해 보기 바란다.

(2) 슈퍼레어(superrare.com)

슈퍼레어는 단일 에디션 디지털 아트 작품만 등록할 수 있는데, 이는 여러 버전의 비슷한 작품을 등록하는 것이 아니라, 단 하나의 NFT만 올릴 수 있다는 것이다. 즉 작품의 희소성을 중시하겠다는 의미이다. 그리고 커뮤니티가 활발히 이루어지면서 유명 수집가나 이슈 있는 NFT 작가들의 소식들을 교류하는데, 사용자 간 팔로우, 좋아요 등 상호 소통할 수 있는 소셜미디어 기능도 있다.

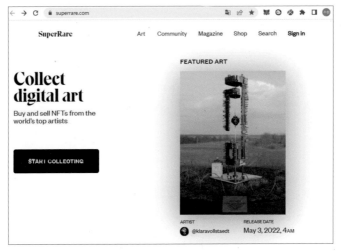

[그림 4-1-12] 슈퍼레어(superrare.com) 접속 화면

○ 슈퍼레어 특징

- 단일 에디션으로 NFT 작품 등록 및 독점 판매하는 폐쇄형 플랫폼

- 소셜미디어와 같이 팔로우, 좋아요 기능

- 자체 엄격한 심사로 선발된 작가의 작품만 등록가능

- 판매수수료가 15%로 높은 편

- 이더리움 블록체인 네트워크 기반으로 가스피가 비싼 편

4장 NFT 마켓플레이스
(NFT Marketplace)

5장 NFT 발행/판매 등록/작품구매
(Minting/Listing/Buy)

6장 NFT 프로젝트 사례

7장 온사이버(onCyber)와
디센트럴랜드(Decentraland)

뉴스웨이

삼성넥스트, 美 NFT 예술 플랫폼 '슈퍼레어'에 투자

이어진 기자   등록 :2021.03.31 14:53

슈퍼레어 홈페이지.

삼성전자의 미래먹거리를 발굴하는 삼성넥스트가 미국 NFT 플랫폼인 슈퍼레어에 투자를 단행했다.

슈퍼레어는 30일(현지시간) 자사 블로그를 통해 900만달러 규모의 시리즈A 펀딩 투자를 유치했다고 밝혔다. 이번 투자는 Velvet Sea Ventures가 주도했으며 약 10여개 이상의 벤처 투자 펀드 및 기업, 인물들이 참여했다. 이 중 삼성넥스트는 투자자로 이름을 올렸다.

[그림 4-1-13] 삼성넥스트의 슈퍼레어(supperrare.com) 투자 단행
(출처: 뉴스웨이, 2021.03.31.)

슈퍼레어는 삼상전자의 자회사인 투자전문회사 삼성넥스트가 NFT 게임 개발사 '대퍼랩스'와 NFT 메타버스 플랫폼 '더샌드박스' 투자에 이어 NFT 아트 플랫폼으로 투자한 NFT 마켓플레이스이기도 하다.

02 비사용자 제작 NFT 마켓플레이스

    NFT 제작을 사용자가 아닌 특정 블록체인 관련 회사나 NFT 프로젝트를 기획·진행하는 회사에서 발행하고 이를 사용자가 구매하는 방식의 마켓플레이스를 말한다. 보통 NFT 제작 회사들은 디스코드 커뮤니티나 소셜미디어에서의 팔로워를 상당히 보유한 상태로, 발행할 NFT 수량을 미리 정해 놓고 한정 판매 방식으로 진행하는 특징이 있다. 국내에서도 NFT 프로젝트 사업이 활발히 이루어지고 있어 비사용자 제작 단독 NFT 마켓플레이스가 증가할 것으로 보인다.

1) NBA 톱샷(nbatopshot.com)

    NBA와 대퍼랩스(CryptoKitty 개발사)가 함께 만든 마켓플레이스로, NBA 경기 주요 영상을 NFT로 발행하여 수집 및 거래할 수 있는 전문 NFT 마켓 플랫폼이다. NBA 톱샷은 Flow 블록체인 네트워크를 기반으로 하고 있다.

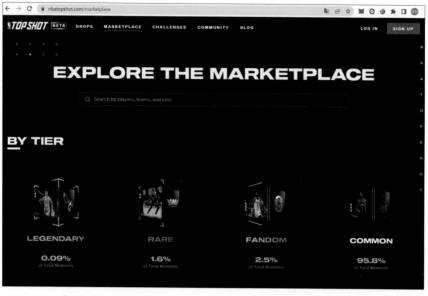

[그림 4-2-1] NBA 톱샷(nbatopshot.com) Marketplace 접속 화면

○ NBA톱샷 특징

- NBA 관련사가 경기 하이라이트 영상을 NFT로 제작

- 역사적이고 멋진, 희귀한 NBA 경기 주요 영상들을 일반사용자가 NFT로 구매

- NFT 작품의 신용카드 구매 가능

- Flow 블록체인 네트워크 사용

- 거래수수료로 5%를 부과

- 새로운 팩(영상NFT카드)을 정기적으로 출시

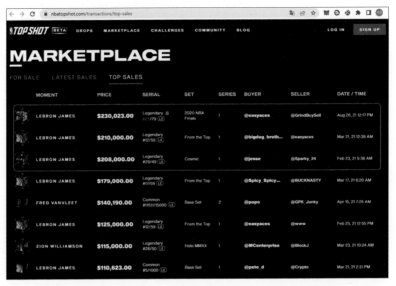

[그림 4-2-2] NBA 톱샷(nbatopshot.com)에 판매 등록된 상위 NFT

현재까지 판매된 상위 3개의 NBA 톱샷 NFT는 리브론 제임스(Lebron James)의 2020
년 10월 11일 NBA 결승전의 경기 하이라이트 영상이다.

[그림 4-2-3] NBA 톱샷 상위 1위인 Lebron James의 하이라이트 영상 NFT

2) 베브(veve.me)

4장. NFT 마켓플레이스
(NFT Marketplace)

5장. NFT 발행/판매 등록/작품구매
(Minting/Listing/Buy)

6장. NFT 프로젝트 사례

7장. 온사이버(onCyber)와
디센트럴랜드(Decentraland)

베브는 애니메이션 작품에 대한 수집품들을 주로 거래하는 앱 기반 NFT 마켓플레이스이다.

디지털 작품들은 한정판으로 출시되며, 사용자는 Veve앱을 통해 거래를 할 수 있다. 아울러 가상전시 기능과 소셜미디어를 통한 공유 기능이 있다.

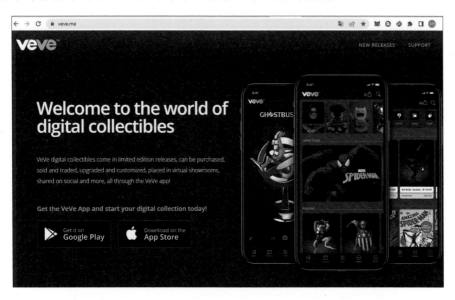

[그림 4-2-4] 베브(Veve.me) 접속 화면(위) 및 구글 플레이스토어의 Veve앱(아래)

일반 또는 유명 작가들의 디지털 아트 작품을 다루는 다른 NFT 마켓플레이스와는 달리, 베브는 우리가 잘 알고 있는 마블(Marvel), 몬스터헌터(MonsterHunter), 스타트렉(StarTreK), 슈퍼맨, 배트맨, 쥬라기공원(Jurassic Park), 분노의 질주, 백투더퓨처 등 브랜드사 또는 제작사가 디지털 작품들을 제공하고 있는 것이 특징이다.

[그림 4-2-5] 베브에서 제공하는 증강현실 기능을 통해 NFT 작품의 사진 촬영 가능

[그림 4-2-6] 베브(Veve)에서 제공하는 가상쇼룸(Virtual Show Room)

베브는 지금까지의 마켓플레이스와는 다르게 가상쇼룸 기능을 제공하여 3D디지털 작품을 전시할 수 있으며, 증강현실 기능을 통해 디지털 작품과 직접 촬영할 수 있어 디지털 작품과 현실 세계의 사용자와의 만남을 가능하게 해주는 색다른 마켓플레이스라 볼 수 있다.

○ 베브 특징

- 게임, 애니메이션, 영화, 웹툰, 디지털 피규어 등의 제작사가 주로 NFT 제작
- 앱 기반의 NFT 마켓플레이스로, 스마트폰에서 사용 가능
- 증강현실을 통한 NFT작품과의 사진촬영 기능
- 가상쇼룸 커스터마이징 기능을 통한 디지털작품 전시 가능
- 암호화폐가 아닌 미국 달러나 신용카드로 NFT 거래가능

03 메타버스 NFT 마켓플레이스

온라인 웹사이트가 아닌 메타버스 플랫폼 가상공간 안에서 아바타를 통한 활동을 하면서 NFT 거래를 할 수 있는 마켓플레이스이다. 대표적인 플랫폼에는 먼저 샌드박스(sandbox.game/kr)와 디센트럴랜드(decentraland.org), 솜니움스페이스(somniumspace.com), 크립토복셀(cryptovoxels.com) 등이 있다.

메타버스라는 가상공간에서 NFT 거래가 이루어짐에 따라 가상토지를 거래하는 가상 부동산, NFT 작품을 가상공간에 전시하는 가상 갤러리나 가상 박물관 등 디지털 미술품, 의상, 음악, 영상 등이 메타버스의 가상공간과 만나 새로운 형태의 NFT 마켓플레이스를 형성한 것이다.

1) 더샌드박스(sandbox.game/kr)

더샌드박스는 메타버스 가상공간 안에서 게임을 하면서 얻게 되는 NFT 아이템으로 다양한 거래를 할 수 있도록 만든 가상 부동산 플랫폼이다. 여기에서는 부동산, 즉 땅을 랜드(Land)라고 말한다. 더샌드박스에서는 이 랜드의 수가 166,664개로 한정되어 있고, NFT를 통해 거래가 가능하며, 랜드에 건물을 건축해서 임대, 거래를 통해 경제적인 활동을 할 수 있다.

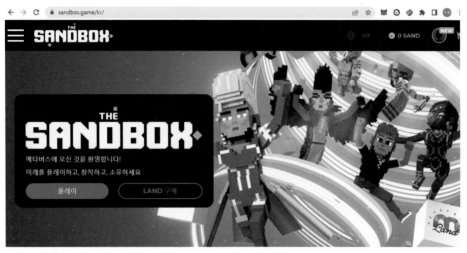

[그림 4-3-1] 샌드박스 접속 화면

더샌드박스는 자체 암호화폐(코인) 샌드(SAND)를 가지고 있고, 이 코인을 통해 아이템 (에셋, asset) 등의 거래를 할 수 있다. 암호화폐 거래소에 등록된 더샌드박스 코인이 바로 샌드(SAND)이다.

원화	BTC	USDT	보유	관심
한글명 ⇵		현재가 ⇅	전일대비 ⇅	거래대금 ⇅
☆ ▾ 리플 XRP/KRW		424	-2.53% -11.00	132,392백만
☆ ▾ 이더리움 ETH/KRW		1,352,500	-6.92% -100,500	124,294백만
☆ ▴ 샌드박스 SAND/KRW		1,370	-2.14% -30.00	94,786백만
☆ ▾ 웨이브 WAVES/KRW		6,455	-9.47% -675	76,660백만

[그림 4-3-2] 더샌드박스의 자체 암호화폐 "SAND"
(출처: 업비트, 2022.6.30. 기준)

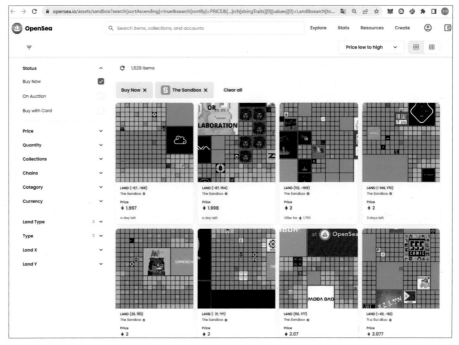

[그림 4-3-3] 샌드박스〈Land 구매〉클릭 시 오픈씨 연결 화면

더샌드박스에서는 NFT화된 랜드를 거래할 수 있는데, [그림 4-3-10]에서 보듯이 매물을 오픈씨에서 해당 좌표를 통해 확인할 수 있고 판매와 구매를 진행할 수 있다.

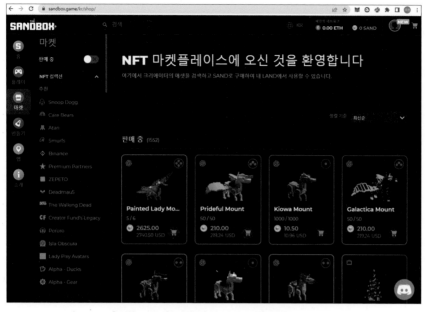

[그림 4-3-4] 더샌드박스 NFT 마켓플레이스
(출처: https://www.sandbox.game/kr/shop/)

[그림 4-3-5] 세계적인 금융그룹 HSBC가 더샌드박스와 제휴 체결
(출처: 블록미디어, 2022.03.17. 기사)

4장 NFT 마켓플레이스
(NFT Marketplace)

5장 NFT 발행/판매 등록/작품구매
(Minting/Listing/Buy)

6장 NFT 프로젝트 사례

7장 온사이버(onCyber)와
디센트럴랜드(Decentraland)

또한, 대기업 및 고급 브랜드 기업들도 더샌드박스 내의 랜드를 구매해서 가상 전시회, 가상 오피스, 매장, 가상 콘서트, 미술관, 박물관 등을 만들기 위해 제휴를 맺고 많은 투자를 하고 있다.

[그림 4-3-6] 더샌드박스의 제휴 파트너사 및 랜드 보유 브랜드사들

애니모카 브랜즈(Animoca Brands)의 자회사인 "더샌드박스(The Sandbox)"는 지난 2021년 11월 초에 〈소프트뱅크 비전 펀드2〉가 주도하는 1,100억 원 규모의 투자를 유치한 바 있다. 아울러 국내 투자사인 LG테크놀로지벤처스, 삼성넥스트, 컴투스 등도 더 샌드박스 투자에 참여했다.

더샌드박스는 2021년 11월 기준 50만 명의 지갑 연동 유저가 있고, 뽀로로(Pororo), K리그(K-League), 아타리(Atari), 스눕독(Snoop Dogg), 크립토키티(CryptoKitties), 케어베어(Care Bears), 스머프(The Smurfs) 등 165개 이상의 각 브랜드의 세계관과 캐릭터를 3D로 구현하는 파트너십을 체결했고, 제페토(Zepeto), 바이낸스(Binance), 코인마켓캡(CoinMarketCap), 사이버콩즈(CyberKongz), 사우스차이나모닝포스트(South China Morning Post) 등 유명 기업들이 더샌드박스의 랜드(Land)를 보유하고 있다. (출처: 뉴시스, 2021.11.02.기사)

2) 디센트럴랜드(decentraland.org)

디센트럴랜드는 이더리움 기반의 메타버스 플랫폼으로, 이곳에서는 가상공간에서의 아바타 간 만남을 비롯해서 게임, 쇼핑, 가상 토지 거래, 미술품 거래, 건축, 아바타 아이템 구매 등 활발한 거래를 현실 세계와 유사하게 할 수 있는 공간이다. 무엇보다도 가상 전시 공간을 자유롭게 지원하는 디센트럴랜드와 크립토복셀 마켓플레이스에 최고의 NFT 디지털 아트 갤러리가 생성되어 있다.

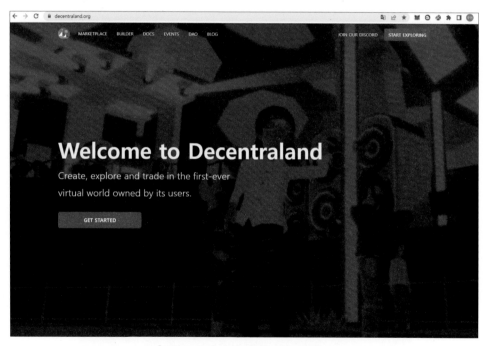

[그림 4-3-7] 디센트럴랜드 접속 화면

원화	BTC	USDT	보유	관심
한글명 ⇅	현재가 ⇅	전일대비 ⇅		거래대금 ⇅
☆ 엘프 ELF/KRW	192	+3.23% 6.00		39,905백만
☆ 스토리지 STORJ/KRW	889	-7.30% -70.00		32,260백만
☆ 디센트럴랜드 MANA/KRW	1,095	-6.01% -70.00		29,995백만
☆ 액시인피니티 AXS/KRW	18,600	-4.81% -940		27,169백만

[그림 4-3-8] 디센트럴랜드 자체 암호화폐 "MANA"
(출처: 업비트, 2022.6.30. 기준)

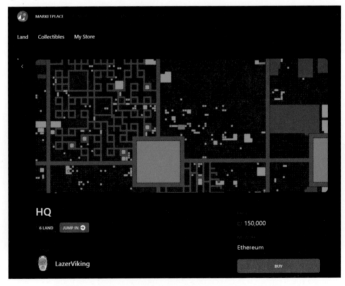

[그림 4-3-9] 디센트럴랜드 내의 가상 토지 판매 화면

[그림 4-3-3]은 디센트럴랜드 메타버스 공간의 맵 지도이며, 타일로 구분되어져 있는 구역들을 거래하고 그 구역 안에서 자체 빌드 기능을 사용하여 건물을 짓고, 해당 건물의 용도에 맞게 운영할 수 있다.

4장 NFT 마켓플레이스
(NFT Marketplace)

5장 NFT 발행/판매 등록/작품구매
(Minting/Listing/Buy)

6장 NFT 프로젝트 사례

7장 온사이버(onCyber)와
디센트럴랜드(Decentraland)

[그림 4-3-10] 삼성전자 미국법인이 디센트럴랜드에 〈삼성837X〉 가상 매장 오픈
(출처: 삼성전자 뉴스룸 및 https://www.samsung.com/us/explore/metaverse-837x/)

대표적인 예로, 우리나라 대기업 삼성전자의 미국 법인이 실제 미국 뉴욕시 워싱턴 스트리트 837번지에 소재한 삼성전자 제품 체험 전시장 〈삼성837〉 매장을 디센트럴랜드 가상 구역에 만들어 일정 시간 동안 운영하고 있다. 현실 세계처럼 각종 삼성전자 제품을 체험할 수 있고, 공연 등 다양한 콘텐츠도 경험할 수 있다. (출처: 전자신문, 2022.01.09. 기사)

[그림 4-3-11] 디센트럴랜드 메타버스 내의 NFT Hallway

디센트럴랜드 내에는 〈NFT Hallway〉 가상 전시관이 있어 NFT 작품을 감상할 수 있

는 곳이 있다. 그리고 많은 컬렉터들의 최고의 NFT 미술 작품들을 만날 수 있는데, 그중 대표적인 곳이 아래 [그림 4-3-6]의 〈100xART 디스트릭트〉 갤러리이다.

[그림 4-3-12] 디센트럴랜드의 〈100xART 디스트릭트〉 갤러리

〈https://100x.art〉 사이트에 접속해서 디센트럴랜드 아이콘 ⬢을 클릭하여 로그인하면, [그림 3-3-6]과 같이 가상 갤러리로 들어갈 수 있다. 한 번 둘러보기를 바란다.

5

NFT 발행/판매 등록/작품구매
(Minting/Listing/Buy)

01 CCCV에서 NFT 발행/판매 등록하기

CCCV는 블록체인 전문 기업 "블로코"의 사내벤처로 시작한 "블로코XYZ"에서 개발한 NFT 기반의 온라인 콘텐츠 명함 서비스이다. 온라인 콘텐츠 명함 서비스를 '나를 표현하는 단 하나의 링크'라는 아이덴티티로 표현하면서, SNS와 콘텐츠를 간단하고, 편리하게 관리하고, 공유하는 등 자신의 전문성을 표출하는 서비스로 설명하고 있다.

CCCV를 통해서라면 복사, 붙여넣기(Ctrl+C, Ctrl+V)만으로 당신의 다양한 채널을 관리하고 유입을 유지 해낼수 있을 뿐만 아니라 다양한 신원과 자격들을 증명함으로써 당신의 전문성을 콘텐츠 소비자들에게 개인 정보 침해없이 전달할 수 있게 됩니다.

[그림 5-1-1] CCCV 서비스 소개 (출처: CCCV.to)

CCCV 서비스가 온라인 콘텐츠 명함 서비스로서 프로필 설정, 배지 관리, 링크 및 SNS 관리, 테마 관리 등 여러 기능이 있지만, 여기서는 CCCV NFT에 대해서만 다루도록 하겠다.

1) CCCV 로그인하기

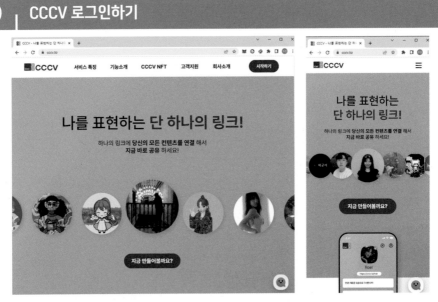

[그림 5-1-2] 반응형 웹을 통한 PC 접속 화면(왼쪽) 및 모바일 사이즈 접속 화면(오른쪽)

CCCV는 반응형 웹으로 제작되었기 때문에 PC에서 화면을 모바일 화면 사이즈로 줄이면, 실제 모바일에서 보는 화면과 거의 동일하게 변경되므로 PC 또는 모바일 기기에서 CCCV.to 사이트에 접속하면 동일한 메뉴 환경에서 사용할 수 있다. 여기서는 PC 메뉴 화면에서 NFT 발행/판매 등록을 해보도록 하겠다. 모바일에서 하고자 한다면, PC 웹브라우저 화면을 모바일 화면 사이즈로 줄여서 보면 도움이 될 것이다.

[그림 5-1-3] CCCV 로그인하기

① 크롬 웹브라우저를 열어 인터넷 주소창에 cccv.to를 입력하여 접속한다.

② 나타나는 웹 화면에서 [시작하기] 또는 [지금 만들어볼까요?]를 클릭하면,

4장 NFT 마켓플레이스
(NFT Marketplace)

5장 NFT 발행/판매 등록/작품구매
(Minting/Listing/Buy)

6장 NFT 프로젝트 사례

7장 오아이빗(onCyber)와
디센트럴랜드(Decentraland)

③ 카카오, 네이버, 구글 3개의 계정 중 하나를 선택하여 로그인한다.

④ 저자는 주로 구글 계정을 사용하니, 해당 구글 메일 계정을 선택하여 로그인을 했다. 처음으로 cccv.to 사이트에 접속을 했다면, 아래와 같이 2단계 인증을 거쳐서 프로필 설정까지 하면 된다.

[그림 5-1-4] 로그인 시, 2단계 인증 및 프로필 수정

① cccv.to에 처음 접속하여 카카오 계정으로 로그인한다면,

② 2단계 인증 절차를 거치며, 표기된 휴대폰 번호로 카카오톡 인증 메시지가 발송된다.

③ 인증 메시지에서 [네, 로그인할게요]를 클릭하면 로그인이 되는데, 프로필 이름이 임의로 정해지므로

④ [프로필 수정]을 클릭하여

⑤ 프로필 사진 및 닉네임, 나만의 페이지 주소 등을 변경해 준다.

2) CCCV NFT 발행/판매 등록하기

(1) NFT 발행하기

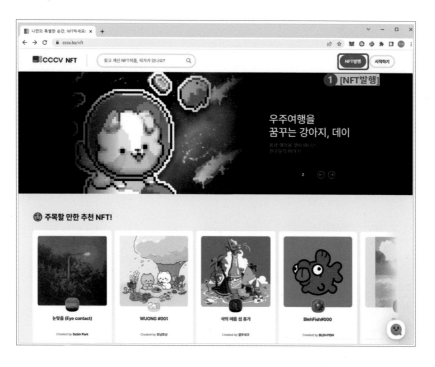

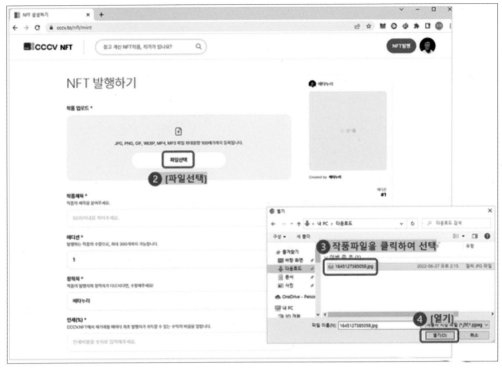

[그림 5-1-5] CCCV에서 NFT 발행하기-1

① NFT를 발행할 이미지나 동영상을 준비해 두었다면, cccv.to 사이트로 접속하여 오른쪽 상단의 [NFT 발행] 버튼을 찾아 클릭한다.

② [파일 선택]을 클릭한다. 업로드할 작품 파일의 형태는 JPG, PNG, GIF, WEBP, MP4, MP3 파일이며, 이미지 파일, 영상 파일, 음성 파일 유형이다. 최대 업로드 파일 용량은 100MB까지이다.

③ NFT 발행할 이미지 파일이 있는 위치를 찾아 해당 파일을 선택한다.

④ 파일을 선택하였다면 [열기]를 클릭한다.

[그림 5-1-6] CCCV에서 NFT 발행하기-2

⑤ 이미지를 선택한 다음에는 작품 제목, 에디션(발행 수량), 창작자 명을 기재하거나
확인한다.

⑥ 입력한 이미지 파일과 작품 제목이 맞는지 확인해 본다.

⑦ 인세는 '로열티'라고도 하며, 등록된 작품을 누군가가 사서 다시 재판매를 할 경
우에는 창작자에게 일정 요율의 수익금이 주어지는 데, 일반적으로 재판매 금액
의 10% 이내 금액으로 기재한다.

자세한 설명은 [그림 5-2-14] Creator Earnings(창작자 수입, 수수료) 흐름도와 그에 대한
설명을 참고하기 바란다.

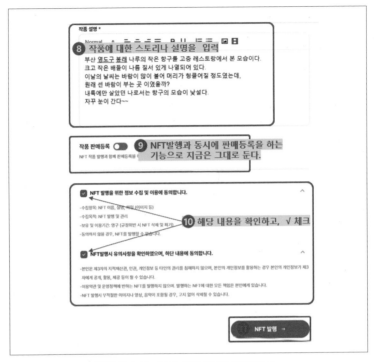

[그림 5-1-7] CCCV에서 NFT 발행하기-3

⑧ 작품 설명은 작품에 대한 스토리, 이해를 돕는 설명 등을 적어 구매자에게 흥미 유발 또는 관심을 가질 수 있는 내용을 기재한다.

⑨ [작품 판매 등록]은 옵션 기능으로, NFT 발행과 함께 판매 등록도 한꺼번에 설정 할 수 있는 기능이다. 지금은 사용하지 않고 그대로 두도록 하겠다.

⑩ 정보 수집과 지식재산권 관련 유의 사항에 대한 내용을 읽어보고 √ 체크하여 동 의한다.

⑪ [NFT 발행]을 클릭하면 NFT Minting이 완료된다.

[그림 5-1-8] CCCV에서 NFT 발행 완료 화면

(2) NFT 판매 등록 하기

[그림 5-1-9] CCCV에서 NFT 판매 등록하기-1

① NFT 발행 완료가 된 화면에서 [발행한 NFT 상세 보기]를 클릭한다.

② 선택한 이미지의 NFT 발행 정보가 보이면 오른쪽 하단의 [판매 등록]을 클릭한다.

③ 판매 등록하기 팝업창이 뜨면, 여기서 [판매 등록하기] 버튼을 클릭한다.

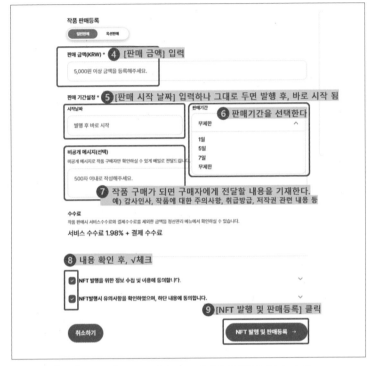

[그림 5-1-10] CCCV에서 NFT 판매 등록하기-2 (일반 판매)

[판매 등록하기]를 클릭하면 기본으로 [일반 판매] 설정 화면이 나온다. 작품 판매 등록을 [옥션 판매]로 설정하려면 [그림 5-1-11]를 참고하기 바란다.

④ [판매 금액]을 원화로 입력하는데, 최소 5,000원 이상 금액을 기재한다.

⑤ 판매 기간을 설정하는 부분으로 먼저 시작 날짜를 선택한다. 선택하지 않고 그대로 두면 [발행 후 바로 시작] 된다.

⑥ 판매 기간을 설정하는 부분으로 [1일], [5일], [7일], [무제한]으로 설정할 수 있다.

⑦ 비공개 메시지는 선택 사항으로 반드시 작성하지 않아도 된다. 작성할 경우, 구매자에게 전달한 내용을 기재하면 된다. 예를 들어, 감사의 인사, 작품에 대한 주의 사항, 취급 방법, 저작권 당부 내용에 대한 메시지를 적는다.

⑧ 동의 내용에 대해 확인 후 ✓ 체크하고,

⑨ [NFT 발행 및 판매 등록]을 클릭하면 판매 등록이 완료된다.

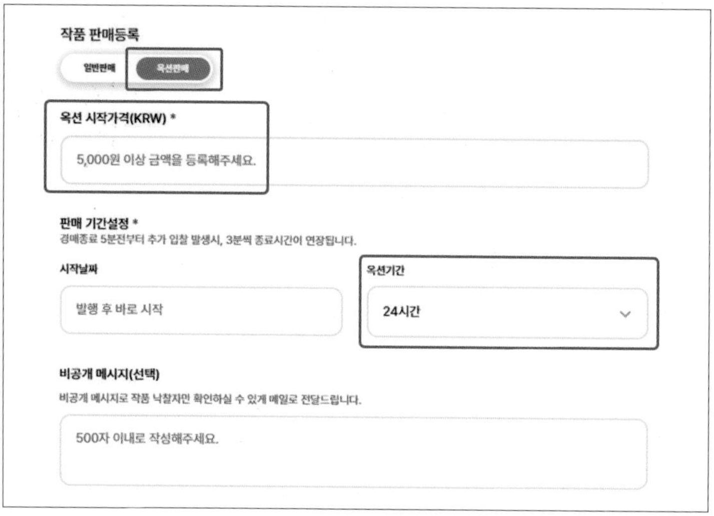

[그림 5-1-11] CCCV에서 NFT 판매 등록하기-3 (옥션 판매)

일반 판매가 아닌 "옥션 판매"를 선택하면, [옥션 시작 가격]을 원화로 설정해야 하는데, 최소 5,000원 이상 금액을 입력하면 된다. 그리고 [판매 기간 설정]에서 [옥션 기간]을 [3시간], [6시간], [12시간], [24시간] 중 선택할 수 있다.

[그림 5-1-12] CCCV에서 NFT 판매 등록하기-4

[판매 종료]는 판매 등록을 취소하는 것과 같으며, 필요시 다시 판매 등록을 해야 한다.

02 오픈씨(OpenSea)에서 NFT 발행/판매 등록하기/작품 구매하기

오픈씨(OpenSea)에서 NFT를 발행하기 전에 우선 고려해야 할 사항이 있다.

구분	방법 1	방법 2	방법 3	방법 4
마켓플레이스	오픈씨	오픈씨	오픈씨	오픈씨
민팅 플랫폼	오픈씨	오픈씨	크래프터스페이스	크래프트 맨십
리스팅 플랫폼	오픈씨	오픈씨	오픈씨	오픈씨
지갑종류	메타마스크	메타마스크	카이카스	카이카스
거래가능토큰	이더리움	폴리곤 기반 이더리움	클레이톤	클레이톤
수수료	약10만~20만원	무료	약 1~10원	
장점	이더리움 투자자가 많아 시장이 큼	수수료가 없음	국내 플랫폼으로 접근성이 높고 수수료가 비교적 저렴함	
단점	수수료가 가장 비쌈	폴리곤 기반 이더리움으로 교환하는 과정이 복잡함	이더리움 거래 방식에 비해 시장이 좁음	

[그림 5-2-1] NFT 발행 전 고려 사항

마켓플레이스와 지갑 종류가 정해졌다면 수수료와 기타 장단점을 고려해서 적합한 블록체인 네트워크를 결정해야 한다. 이번 오픈씨에서 위 그림의 [방법 2]에서 보듯이 NFT 발행은 수수료가 없는 폴리곤 기반 이더리움으로 진행하도록 하겠다. 즉 이더리움 메인넷이 아닌 폴리곤 기반 이더리움 네트워크(MATIC)에서 NFT 발행 및 판매 등록을 진행하는 것이다.

1) 나의 컬렉션 만들기

NFT 발행을 하기 전에, 우선 오픈씨에서 나만의 컬렉션을 만들어 보겠다.

[My Collections]는 오픈씨라는 NFT 마켓플레이스에 나의 NFT 작품을 전시하는 개별 전시관과 같은 것이다. 나중에 NFT 발행 또는 판매 등록 시, 컬렉션을 지정하는 설정 부분이 있기 때문에 미리 컬렉션을 만들어 주어야 하는 이유도 있다.

(1) 컬렉션 구성 요소 둘러보기

NFT 작품 중에 아주 유명한 BAYC(Bored Ape Yacht Club)의 컬렉션을 살펴보면서 컬렉션 만들기에 필요한 요소들이 무엇이 있는지 알아보고, 미리 준비해 둘 내용을 확인해 두자.

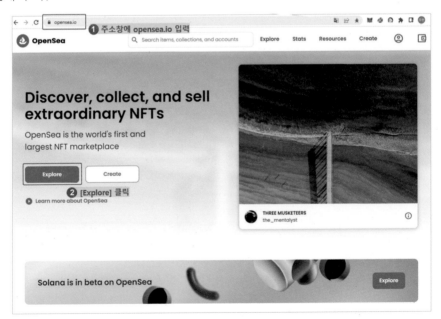

[그림 5-2-2] 등록된 컬렉션 보러가기

위 [그림 5-2-2]에서

① 크롬 웹브라우저 주소 입력창에 'opensea.io'를 입력하여 접속하고,

② [Explore] 클릭하여 오픈씨에 등록된 NFT 작가의 컬렉션을 살펴보도록 하자

▷ 컬렉션 만들기 위해 준비해야 할 구성 요소는 아래와 같다.

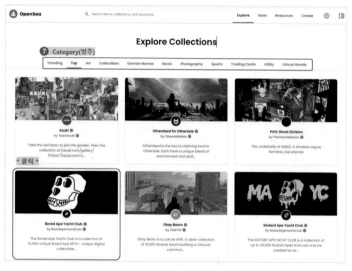

[그림 5-2-3] Category(범주)에서 Top 컬렉션 보기

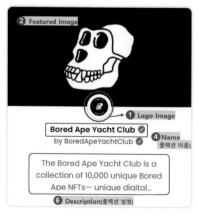

[그림 5-2-4] Bored Ape Yacht Club의 OpenSea 카테고리 페이지 표지

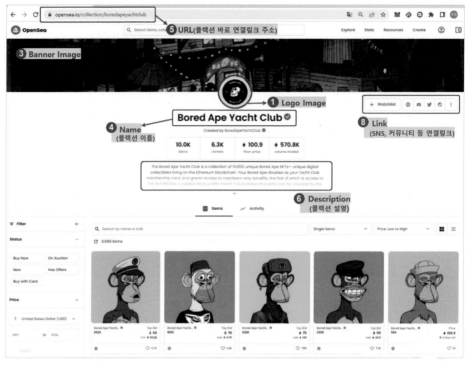

[그림 5-2-5] Bored Ape Yacht Club의 Opensea 컬렉션

① Logo Image (로고 이미지)

- 권장 사이즈: 350 * 350

- 용도: 컬렉션을 대표하는 아이콘 이미지

② Featured Image (표현 이미지)

- 권장 사이즈: 600 * 400

- 용도: 컬렉션을 여러 개 만들었을 때, 각 컬렉션별로 로고와 함께 보여지는 이미지

③ Banner Image (배너 이미지)

- 권장 사이즈: 1400 * 400

- 용도: 특정 컬렉션으로 들어갔을 때, 해당 컬렉션의 페이지 상단에 표시되는 배경

이미지

- 주의: 배너 이미지에 텍스트를 많이 포함시키지 말 것

④ Name (컬렉션 이름)

- 예시 1) Bored Ape Yacht Club (지루한 원숭이 요트 클럽)

- 예시 2) Treasure of the Sea (바다의 보물)

⑤ URL (컬렉션 접속 링크 주소)

- 오픈씨에서 제공하는 개별 전시관 성격의 웹페이지 접속 URL 주소를 작성

- 문자, 숫자, 하이픈만 사용 가능

- 형식 (예시)

https://opensea.io/collection/boredapeyachtclub

https://opensea.io/collection/treasures-of-the-sea

⑥ Description (설명)

- 1,000자 이내 작성

⑦ Categroy (범주)

- 오픈씨에서 컬렉션 검색 시, 해당 카테고리에서 나의 컬렉션이 보인다.

- 항목: Art(미술), Collectibles(수집품), Music(음악), Photography(사진술), Sports(스포츠),
  Trading Cards(트레이딩 카드), Utility(공익사업)

⑧ Link (링크, 연결)

- SNS나 커뮤니티, 자신의 홈페이지 등 관련된 링크를 컬렉션에 연결시켜 둘 수 있다.

- 블로그, 트위트, 페이스북, discord, Instagram 등 URL 주소로 링크 연결

위 내용을 확인했다면 컬렉션 이름, 설명 등 나의 컬렉션 콘셉트 구상과 함께 업로드
할 로고 및 배너 이미지 파일을 준비해 두자. 위에서 언급되지 않은 다른 구성 요소에
대해서는 "나의 컬렉션"을 만들어가는 과정에서 설명하겠다.

4장 NFT 마켓플레이스
(NFT Marketplace)

5장 NFT 발행/판매 등록/역품구매
(Minting/Listing/Buy)

6장 NFT 프로젝트 사례

7장 온사이버(onCyber)와
디센트럴랜드(Decentraland)

(2) 나의 컬렉션 만들기

■ 오픈씨 로그인 및 컬렉션 들어가기

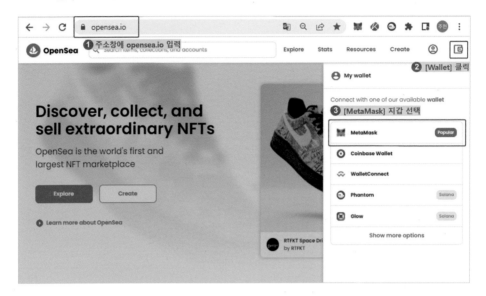

[그림 5-2-6] MetaMask 전자지갑으로 오픈씨 로그인하기

① 준비가 되었다면, 크롬 웹브라우저 창을 열고, 주소 입력창에 'opensea.io'를 입력하여 접속한다.

② NFT 마켓플레이스는 ID와 비빌번호로 로그인하지 않고, 거의 대부분 전자지갑을 통해 로그인하므로, [Wallet]아이콘을 클릭한다.

③ 앞에서 만들었던 MetaMask 지갑을 오픈씨에서 많이 사용하므로, [MetaMask] 지갑을 선택한다.

④ MetaMask 전자지갑에서 사용할 계정의 √를 확인한 후,

⑤ [다음] 클릭

⑥ [연결]을 클릭한다.

④~⑥번 과정은 한 번 설정하면 다음 오픈씨 접속할 때 나타나지 않고 바로 로그인된 화면이 나타날 수 있다.

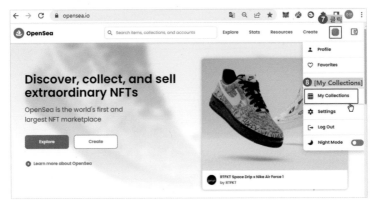

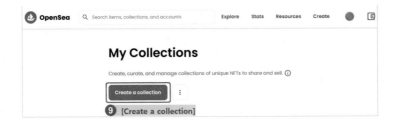

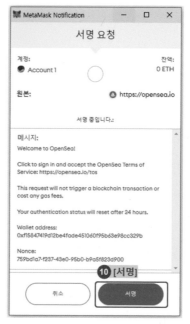

[그림 5-2-7] My Collections 만들기로 들어가기

⑦ MetaMask 전자지갑으로 오픈씨에 로그인되면, 로그인 심벌이 → 로 변경 된다.

⑧ 를 클릭해서 나오는 메뉴에서 [My Collections]를 클릭하고,

⑨ [Create a collection] 클릭한 후,

⑩ MetaMask 서명을 한 번 더 해주면, 컬렉션 만들기에 대한 설정화면 창이 나타난다.

■ 컬렉션 로고 이미지 넣기

[그림 5-2-8] 컬렉션 Logo Image 넣기

My Collection 만들기에서는 3개의 이미지 파일을 준비해 두어야 한다. 우선 Logo Image 파일을 업로드해 보자. Logo Image의 사이즈(pixel)는 350 * 350이다.

① Logo Image 영역을 클릭하면 파일 열기 창이 나오는데,

② 업로드할 logo Image가 있는 폴더를 선택하여

③ Log Imag e파일을 선택한다.

④ [열기]를 클릭하면, 업로드한 Logo Image가 ①번 영역에 보이게 된다.

■ 컬렉션 표현 이미지 넣기

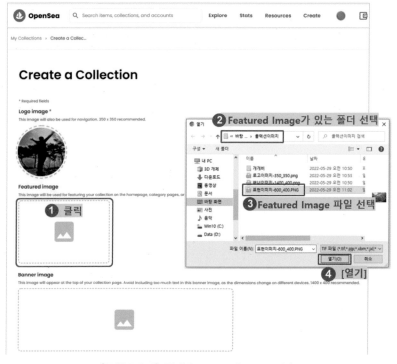

[그림 5-2-9] 컬렉션 Featured Image 넣기

Featured Image도 Loge Image 넣기와 동일한 방법으로 업로드한다.

Featured Image 사이즈(pixel)는 600 * 400이다.

① Featured Image 영역을 클릭하면 파일 열기 창이 나오는데,

② Featured Image가 있는 폴더를 선택하여

③ 업로드할 Featured Image 파일을 선택한다.

④ [열기]를 클릭하면, 업로드한 Featured Image가 ①번 영역에 보이게 된다.

■ 컬렉션 배너 이미지 넣기

[그림 5-2-10] 컬렉션 Banner Image 넣기

Banner Image도 Loge Image 넣기와 동일한 방법으로 업로드한다.

Banner Image 사이즈(pixel)는 1400 * 400이다.

① Banner Image 영역을 클릭하면 파일 열기 창이 나오는데,

② Banner Image가 있는 폴더를 선택하여

③ 업로드할 Banner Image 파일을 선택한다.

④ [열기]를 클릭하면, 업로드한 Banner Image가 ①번 영역에 보이게 된다.

■ 컬렉션 정보 입력

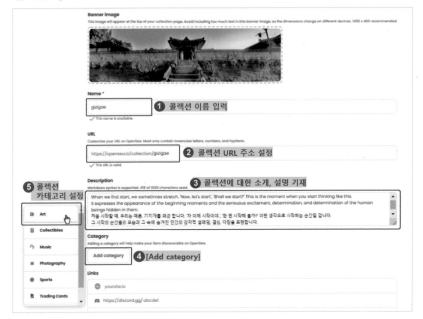

[그림 5-2-11] 컬렉션 이름, URL, 설명 및 카테고리 설정

컬렉션 관련 이미지를 업로드했다면, 그다음

① 컬렉션 이름

② 컬렉션 접속 URL 주소

③ 컬렉션에 대한 소개 및 설명을 기재한다. 오픈씨는 글로벌 마켓플레이스이므로
   영문과 한글을 함께 사용하면 좋지 않을까 생각한다.

④ [Add category]를 클릭하여, 컬렉션 검색을 쉽게하기 위해 카테고리 종류를 설정
   한다.

⑤ 컬렉션의 성격에 맞는 카테고리를 선택한다.

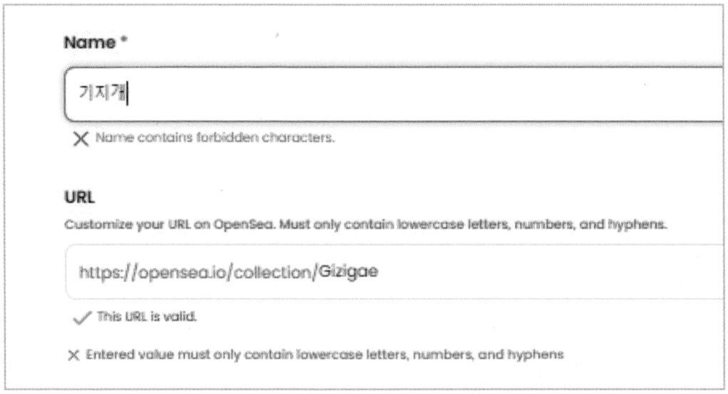

[그림 5-2-12] 컬렉션 이름 및 URL 주소 입력 시 주의 사항

4장 NFT 마켓플레이스
(NFT Marketplace)

5장 NFT 발행/판매 등록/작품구매
(Minting/Listing/Buy)

6장 NFT 프로젝트 사례

7장 온사이버(onCyber)와
디센트럴랜드(Decentraland)

[그림 5-2-12]에서 보듯이, 컬렉션 이름을 입력할 때, 한글 입력은 적용되지 않으므로 영문으로 작성해야 한다. 또한, 컬렉션 URL 주소 설정 시에도 소문자, 숫자, 하이픈(-)만 사용해야 한다는 메시지를 볼 수 있다.

■ 컬렉션 외부 링크 연결 및 크리에이터 수입 설정

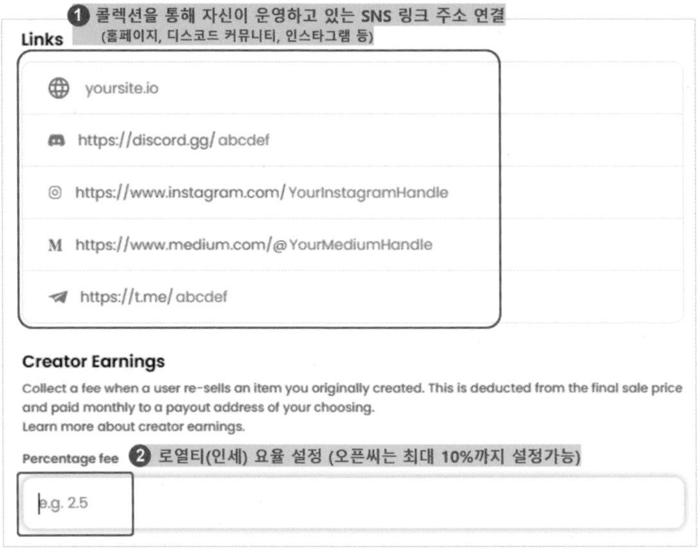

[그림 5-2-13] 컬렉션 외부 링크 연결 및 크리에이터 수입 설정

① 컬렉션을 통해 자신이 운영하고 있는 홈페이지, 커뮤니티, 인스타그램, 블로그 등의 URL 주소와 연결할 수 있다.

② 컬렉션에 속해 있는 NFT 작품이 재판매될 때마다 크리에이터가 받는 수수료의 요율(%)을 설정하는 부분이다. 오픈씨에서는 최대 10%까지 설정할 수 있다.

③ 수수료 요율을 설정하면, 전자지갑 주소 입력창이 나타나는데, 여기에 창작자의 전자지갑 주소를 입력한다.

④ 크롬웹브라우저의 우측 상단에서 여우머리 아이콘을 클릭하면, 메타마스크 전자 지갑 창이 나오는 데,

⑤ 중간 Account1(또는 설정한 메타마스크 지갑 계정 이름)을 클릭하면 지갑 주소가 클립보드(임시 저장 공간)에 자동으로 복사된다.

⑥ 복사된 메타마스크 전자지갑 주소를 "붙여 넣기" 하면 된다.

○ 크리에이터 수입(Creator Earnings)

- 창작자는 자신의 작품이 재판매될 때, 최종 판매 가격의 해당 요율의 수수료를 창작자가 지정한 지갑주소로 받게 된다.
- 오픈씨는 최대 10%를 원창작자인 크리에이터의 수입(수수료, 인세, 로열티)으로 설정할 수 있고, 요율은 변경이 가능하다.
- 창작자는 수익금을 받을 전자지갑 주소를 지정할 수 있는데, 여러 전자지갑 주소로 나누어 받을 수는 없다.

예를 들면, 판매 가격을 1ETH로 설정한 NFT 작품이 있다. 컬렉션에 대한 창작자 수입을 5%로 설정한 경우, 이 작품의 최종 판매자의 수입은 얼마일까?

→ NFT 작품의 최종 판매자는 수수료를 제외한 0.925ETH를 최종 받게 된다.

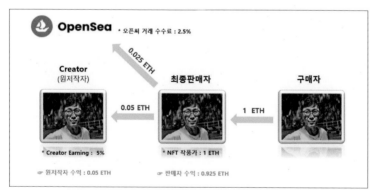

[그림 5-2-14] Creator Earnings(창작자 수입, 수수료) 흐름도

수수료 흐름은 위 그림과 같은데, 수수료 구성과 계산 방식은 아래 설명을 참조하기 바란다.

○ 수수료 구성

   - Opensea수수료: 2.5%

   - 창작자 수수료: 5%

○ 최종 판매자가 받는 금액:

   NFT 작품 판매 가격 - OpenSea 수수료(2.5%) - 창작자 수수료(5%)

   = 1 ETH - 0.025 ETH - 0.05 ETH

   = 0.925 ETH

   ▷ OpenSea 수수료 = 1 ETH * 2.5% = 0.025 ETH

   ▷ 창작자 수수료 = 1 ETH * 5% = 0.05 ETH

▷ 일반적으로 창작자가 5%의 수수료 금액(0.05ETH)을 받는데 1~2주가 소요된다.

■ 블록체인 설정

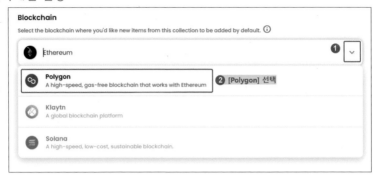

[그림 5-2-15] 블록체인 설정

① 컬렉션의 기본 블록체인을 설정하는 부분으로, ∨ 를 클릭하면 블록체인 종류를 선택할 수 있다.

② 가스피(gas-fee)가 없고, 속도도 빠른 폴리곤 기반의 이더리움을 선택한다.

③ 폴리곤 블록체인을 선택하면 지불 토큰(Payment tokens)도 그림과 같이 보라색 이더리움 로고로 변경됨을 확인한다.

■ 컬렉션 생성

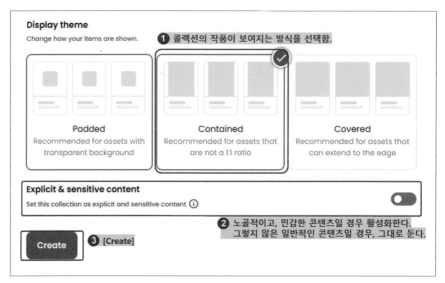

[그림 5-2-16] 나의 컬렉션 생성

① 컬렉션의 작품이 보이는 프레임 방식을 선택한다.

② 컬렉션의 작품들이 노골적이고 민감한 콘텐츠인지를 표기하는 것으로, 일반적인 콘텐츠이면 그대로 두면 된다.

③ [Create] 클릭하여 오픈씨에서의 나의 컬렉션을 생성한다.

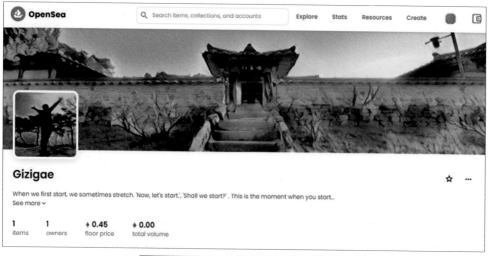

[그림 5-2-17] 나의 컬렉션 만들기 완료 화면

2) | NFT 발행하기

(1) 오픈씨 디지털 자산 업로드

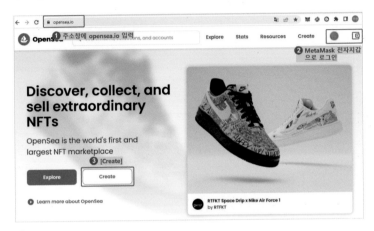

[그림 5-2-18] 오픈씨 로그인 및 NFT 발행 들어가기

① 크롬 웹브라우저를 실행시켜 주소 입력창에 'opensea.io'를 입력하여 오픈씨 사이트로 접속한다.

② MetaMask 전자지갑으로 로그인 후, (자세한 로그인 절차는 [그림 4-2-6] 참조)

③ [Create]를 클릭하면 NFT 발행 메뉴가 나타난다.

4장 NFT 마켓플레이스
(NFT Marketplace)

5장 NFT 발행/판매 등록/작품구매
(Minting/Listing/Buy)

6장 NFT 프로젝트 사례

7장 온사이버(onCyber)와
디센트럴랜드(Decentraland)

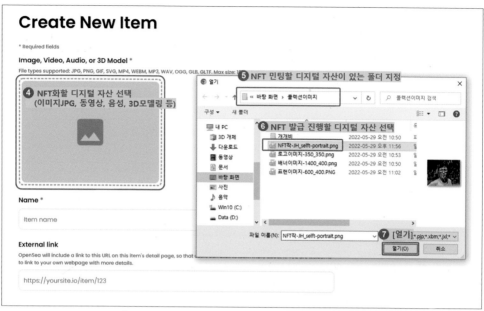

[그림 5-2-19] NFT 발행 적용할 디지털 자산 업로드

④ 번 영역을 클릭하여

⑤ NFT 발행할 디지털 자산(용량 100MB 이하)이 있는 폴더와

⑥ 대상 디지털 자산(이미지, 음원, 동영상 등) 파일을 선택한다.

⑦ [열기]를 클릭하면, 대상 파일이 ④번 영역에 업로드된다.

[표 5-2-1] 오픈씨에서 NFT 발행 가능한 디지털 자산 종류

No.	디지털 자산 종류	확장자명 (파일포맷)
1	이미지	JPG, PNG, GIF SVG(2차원 벡터 그래픽을 표현하기 위한 XML 기반 파일 형식) GLB/GLTF(3D 그래픽 이진 파일 포맷)
2	영상/음원	MP4(음성이나 영상 파일 압축 포맷), WebM(웹앱, 구글에서 개발한 오픈소스 동영상 포맷) MP3/WAV/OGG(오디오 파일 포맷)

(2) 디지털 자산 정보 입력

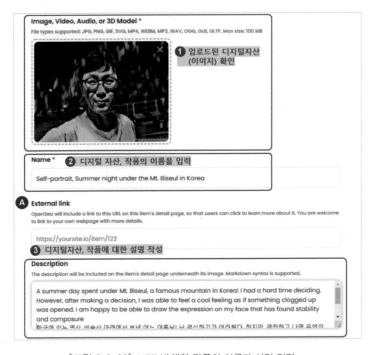

[그림 5-2-20] NFT 발행할 작품의 이름과 설명 입력

① 업로드된 디지털 작품을 확인하고,

② 디지털 작품에 맞는 이름과

4장 NFT 마켓플레이스
(NFT Marketplace)

5장 NFT 발행/판매 등록/작품구매
(Minting/Listing/Buy)

6장 NFT 프로젝트 사례

7장 온사이버(onCyber)와
디센트럴랜드(Decentraland)

③ 작품을 관람하거나 구매자들이 공감할 수 있고 이해할 수 있도록 설명 내용을 기재하여 창작자의 작품 콘셉트가 잘 전달될 수 있도록 한다. 오픈씨는 글로벌 마켓플레이스이기 때문에 해외 구매자에게도 노출되므로 한글뿐만 아니라 영어로도 함께 표기할 것을 권장한다.

Ⓐ [External link]는 자신의 작품에 대한 자세한 설명을 올려놓은 홈페이지 또는 SNS가 있다면, 그 해당 웹페이지로 연결하기 위한 URL 주소 입력창이다. 지금은 작품 파일을 바로 업로드했기 때문에 웹페이지 연결을 위한 External link 기능은 사용하지 않는다.

(3) 컬렉션 지정

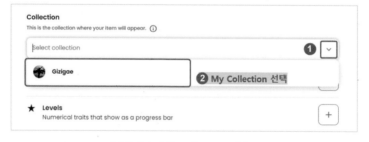

[그림 5-2-21] Collection 선택

① NFT 발행 과정에서 컬렉션을 지정해 주는 부분이 있기에 ⌄ 를 클릭하여

② 앞서 만들었던 My Collection이 보이는지 확인하고 관련 컬렉션을 선택한다.

(4) 디지털 자산의 속성 설정

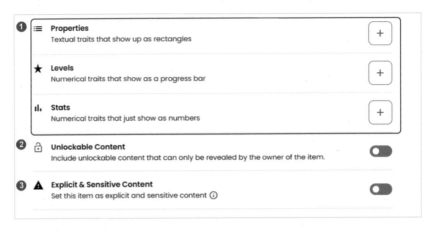

[그림 5-2-22] NFT에 대한 특징, 레벨, 상태 설정

위 [그림 5-2-22]에서

① Properties/Levels/Stats는 NFT의 속성, 레벨, 상태를 각각 설정할 수 있는 기능이다. Properties에서 ⊞를 클릭하면 아래의 창이 나오는데, 해당 내용을 기재하면 여러 가지 속성을 부여할 수 있게 된다. 최근 우리나라의 PFP(ProFile Picture)를 이용한 NFT 프로젝트인 메타콩즈(MetaKongz)나 선미야(Sunmiya)에서처럼 각 NFT에 Properties를 주어 차별화시키고 있다. 아래 그림은 Properties와 Levels, Stats의 설정 내용과 '현대자동차 X 메타콩즈'의 콜라보 PFP에서 Properties 사례를 볼 수 있다.

4장 NFT 마켓플레이스
(NFT Marketplace)

5장 NFT 발행/판매 등록/작품구매
(Minting/Listing/Buy)

6장 NFT 프로젝트 사례

7장 온사이버(onCyber)와
디센트럴랜드(Decentraland)

[그림 5-2-23] Properties/Levels/Stats 설정 포맷

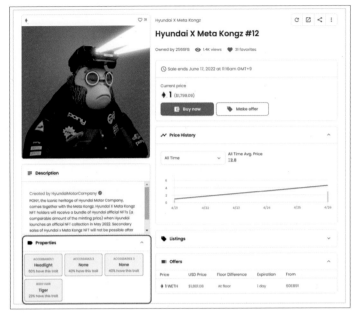

[그림 5-2-24] 현대자동차 X 메타콩즈 PFP에서의 Properties 설정 사례

② Unlockable Content(잠금 해제 콘텐츠)는 기본으로 비활성화되어 있는데, 활성화를 시키면 해당 NFT를 구매한 사용자에게만 보이는 콘텐츠를 올릴 수 있다. 특정 사용자에게만 노출할 수 있는 콘텐츠에 대한 입력 정보는 액세스 키(Access Key), 교환할 코드, 파일 링크 등이 있다.

[그림 5-2-25] 잠금 해제 콘텐츠 기능 활성화 시 콘텐츠 입력 정보

③ 노골적이고 민감한 콘텐츠가 있을 경우 활성화시키는 기능이다.

(5) NFT 발행정보 설정

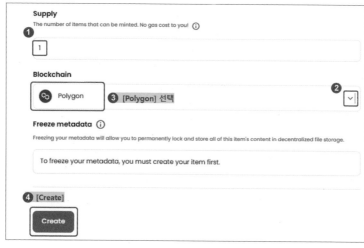

[그림 5-2-26] 공급 개수 및 블록체인 설정

① NFT 발행 개수를 설정하는 부분인데 유일하게 한개를 발행할 수도 있고, 한정 수
   량으로 소량 발행하는 리미티드 에디션으로도 발행할 수 있다.

② NFT는 블록체인 기반으로 발행되므로 해당 블록체인을 지정해야 한다. ⌄ 를 클
   릭하여,

③ [Polygon]을 선택한다.

④ [Create]를 클릭하면, 아래 [그림 5-2-27]과 같이 로봇인지 사람인지 확인하는 팝업
   이 나타난다. √ 후, 처리 프로세스를 따른다.

4장 NFT 마켓플레이스
(NFT Marketplace)

5장 NFT 발행/판매 등록/작품구매
(Minting/Listing/Buy)

6장 NFT 프로젝트 사례

7장 온사이버(onCyber)와
디센트럴랜드(Decentraland)

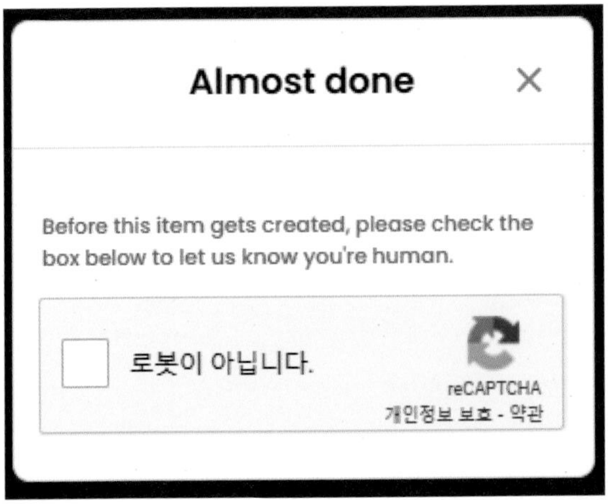

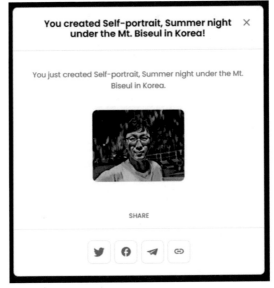

Almost done   ✕

Before this item gets created, please check the
box below to let us know you're human.

☐ 로봇이 아닙니다.

reCAPTCHA
개인정보 보호 - 약관

[그림 5-2-27] 로봇 또는 사람 확인

**You created Self-portrait, Summer night
under the Mt. Biseul in Korea!**   ✕

You just created Self-portrait, Summer night under the Mt.
Biseul in Korea.

SHARE

[그림 5-2-28] 오픈씨에서 NFT 발행 완료 화면

3) | NFT 판매 등록 하기

(1) NFT 판매 등록 들어가기

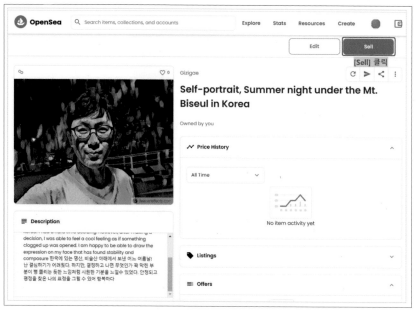

[그림 5-2-29] 오픈씨에서 리스팅 들어가기

NFT 발행 완료 창을 닫으면 [그림 5-2-29] 화면이 나타나는데, 여기서 오른쪽 상단 [Sell]을 클릭하면 NFT 판매 등록 과정을 진행할 수 있다.

(2) NFT 판매 등록 정보 설정

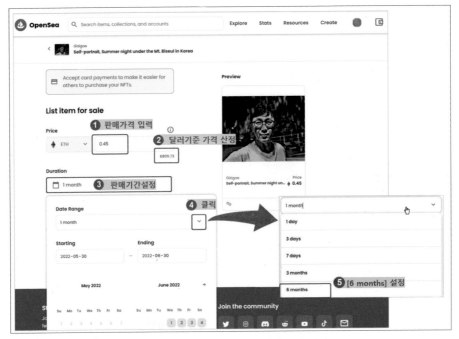

[그림 5-2-30] 오픈씨에서 NFT 판매 등록 설정

① NFT 발행을 완료했으면 나의 작품, 나의 스토리를 구매자나 관람객들이 보고, 가치를 판단할 수 있도록 판매 등록을 해야 한다. 이를 Listing이라고 하는데 대략 판매가를 선정해서 기재해 보면

② 달러화로 표기되므로 원화 환율을 적용하여 실제 판매가를 원화 가치로 환산해 볼 수 있다.

예) 판매가를 0.45 ETH로 설정할 경우 $807.73이므로, 원화 환율 현재(2022.5) 기준가 1,256원을 적용하면, 위 NFT작품의 판매가격은 101만 5천원이 된다.

③번 영역을 클릭하면 아래 판매 기간 관련 메뉴가 나오는데

④에서 ⌄를 클릭하여

⑤ [6 months]를 설정한다. 판매 기간은 각자가 원하는 기간으로 설정하면 된다.

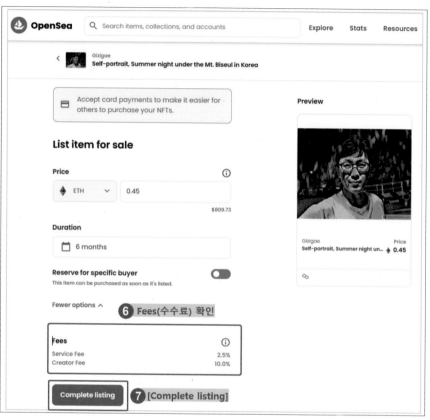

[그림 5-2-31] 판매 수수료 확인 및 listing 완료

⑥ Service Fee가 2.5%, Creator Fee가 10.0%로 공지되어 있는데, 이는 앞서 로열티
(인세, 창작자 수입)에 대해 예를 들어 설명한 내용에서 언급한 바 있다. Service Fee
2.5%는 오픈씨 플랫폼을 통해 판매가 이루어질 경우 오픈씨로 전송되는 비용이
고, Creator Fee 10%는 My Collection을 만들 때 설정한 Creator Earnings(창작자 수
입)이다. 수수료 흐름은 [그림 5-2-14]를 참고하기 바란다.

⑦ NFT 판매 등록 설정 정보 입력을 마쳤다면, [Complete listing]을 클릭한다.

(3) NFT 판매 등록 서명

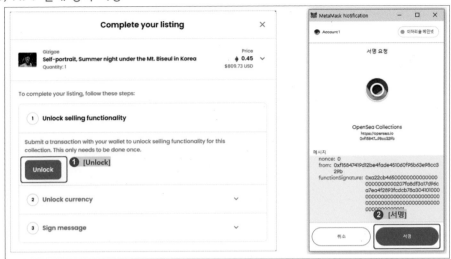

[그림 5-2-32] NFT 판매 등록 서명 1단계

지금까지 판매 등록에 대한 정보를 입력했다면, [그림 5-2-32]부터는 판매 등록에 대한 인증 절차를 거치는 단계이다.

① [Unlock]을 클릭하면 메타마스크 전자지갑의 서명 창이 팝업된다.
② [서명]을 클릭하면 다음 단계로 넘어가는데, 아래 안내 메시지(해석 참조)에도 표기되어 있듯이 본 작업은 한 번만 수행되는 것으로, 다음부터 이 컬렉션에 있는 디지털 자산을 판매 등록할 때는 위 단계가 나타나지 않는다.

① 판매 기능 잠금 해제

이 컬렉션의 판매 기능을 활성화(잠금 해제)하려면, 지갑을 통해 거래를 제출하세요. 이 작업은 한 번만 수행하면 됩니다.

[그림 5-2-33] 안내 메시지 해석

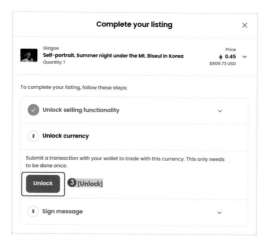

[그림 5-2-34] NFT 판매 등록 서명 2단계

③ [Unlock]을 클릭하면, 또 다시 메타마스크 전자지갑의 서명 창이 팝업된다.

④ [서명]을 클릭하면 다음 단계로 넘어가는데, 아래 안내 메시지(해석 참조)에도 표기되어 있듯이 본 작업은 한 번만 수행되는 것으로, 다음부터 이 컬렉션에 있는 디지털 자산을 판매 등록할 때는 위 단계가 나타나지 않는다.

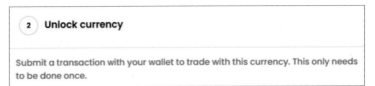

② 통화 잠금 해제

이 통화로 거래하려면 지갑을 통해 거래를 제출하세요. 이 작업은 한 번만 수행하면 됩니다.

[그림 5-2-35] 안내 메시지 해석

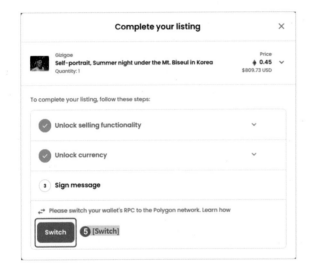

[그림 5-2-36] 블록체인 네트워크 추가 허용 승인

⑤ 메타마스크 전자지갑의 블록체인 네트워크는 기본적으로 이더리움 메인넷으로 설정되어 있다. 하지만 우리는 Polygon 기반의 이더리움으로 NFT 발행을 했기 때문에 이더리움 메인넷을 Polygon 네트워크로 변경해 줘야 한다. 이런 필요성으로 위 단계가 나타난 것이다. [Switch]를 클릭하여 블록체인 네트워크를 변경해 보자.

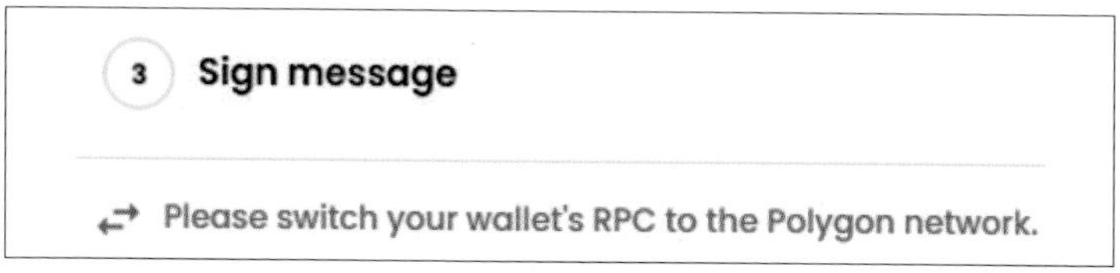

> **③ Sign message**
>
> ⇄ Please switch your wallet's RPC to the Polygon network.

③ 서명 메시지

　지갑의 RPC를 Polygon 네트워크로 전환하세요.

[그림 5-2-37] 서명 메시지

Ⓐ "이더리움 메인넷"은 현재 메타마스크에 기본적으로 적용되어 있는 블록체인 네트워크이다. 하지만 해당 디지털 자산은 속도 및 가스피를 고려하여 Polygon 기반의 이더리움으로 발행을 했기 때문에 판매 등록을 할 때에도 Polygon 네트워크와 상호작용을 해야 한다.

Ⓑ에서 보듯이, Polygon 네트워크에 대한 RPC 정보가 자동으로 등록되어 있기 때문에 내용을 확인한 후,

⑥ [승인]을 클릭하면 된다.

　　* RPC (Remote Procedure Call, 원격 프로시저 콜)

> 　　PC 또는 스마트폰에 설치되어 있는 메타마스크 등 전자지갑에서 프로그램을 처리할 때, 그 처리의 일부를 멀리 떨어져 있는 다른 PC나 서버 시스템에서 처리하도록 해당 명령어나 프로그램을 호출하여 처리토록 하는 통신 규약(Protocol)들을 말한다.
> 　→ 블록체인 네트워크 추가 등록 방법은 암호화폐 지갑 설치하기 "메타마스크" 편을 참조하기 바란다.

 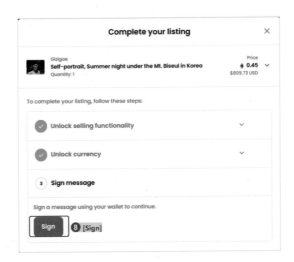

[그림 5-2-38] 추가된 블록체인 네트워크로 전환 서명 1단계

⑦ [네트워크 전환]을 클릭하고,

⑧ [Sign]을 클릭하면 Polygon 네트워크로 전환을 위한 서명 팝업창이 나타난다.

[그림 5-2-39] 추가된 블록체인 네트워크로 전환 서명 2단계

위 [그림 5-2-39]에서 보면 [서명] 버튼이 비활성화되어 있는데, 처음 경험하시는 많은 분이 여기서 어떻게 해야 되는지 몰라 문의하는 분들이 자주 있다.

⑨와 같이 스크롤바를 아래로 끝까지 내리고,

⑩ 화살표 부분을 클릭하면

⑪ [서명] 버튼이 파란색으로 활성화된다. 이때 [서명]을 클릭한다.

[그림 5-2-40] NFT 판매 등록(Listing) 작업 지연 시 나타나는 메시지

NFT 판매 등록 도중 네트워크가 지연되거나 오랫동안 판매 등록 창을 커두고 진행하지 않고 있으면, 서명을 하더라도 위 그림처럼 판매 등록 작업 시간 지연 메시지가 나타나서 판매 등록 절차를 다시 진행해야 할 경우가 발생한다. 익숙해지면 NFT 발행

부터 NFT 판매 등록까지 멈춤 없이 한 번에 처리하기 바란다.

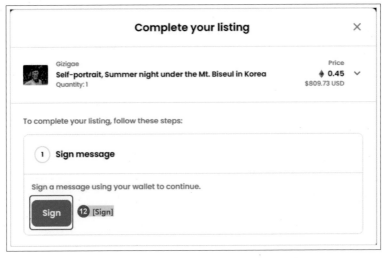

[그림 5-2-41] NFT 판매 등록(Listing) 서명 3단계

앞서 보았던 NFT 판매 등록 서명 1단계, 2단계는 처음 한 번만 수행하면 다음 진행할 때는 나타나지 않는다고 언급한 바 있다.

다음에 NFT 작품에 대해 판매 등록을 수행할 경우, 위 그림과 같이 바로 "Sign message" 창이 나타나는데, 여기서 ⑫ [Sign] 버튼을 클릭하면 된다.

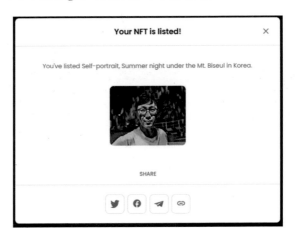

(4) NFT 판매 등록 완료

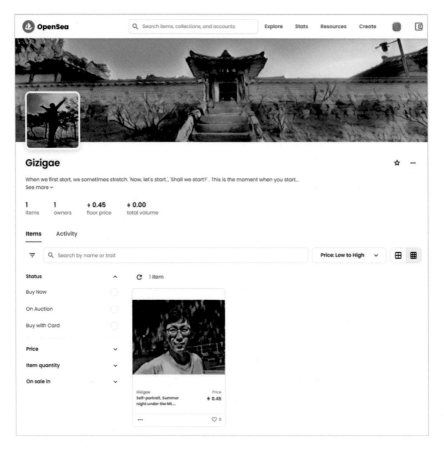

[그림 5-2-42] NFT 판매 등록 완료 화면

위 [그림 5-2-42]은 NFT 판매 등록 작업이 완료되고, 컬렉션에서 보이는 화면이다.

4) | NFT 작품 구매하기

지금까지 디지털 작품에 대한 NFT 발행과 판매 등록을 해보았다. 모두 판매에 대한 내용이어서 이번 장에서는 NFT 작품 구매에 대한 절차를 간단히 소개하고자 한다. 인터넷 뱅크 계좌 개설이나 암호화폐 거래소 가입에 대해서는 생략하고, 거래소에 있는 암호화폐를 암호화폐 지갑으로 전송해서 오픈씨에서 작품을 구매하는 절차에 대한 내용을 소개하는데, 필자는 K뱅크와 업비트 거래소를 이용하므로 이 플랫폼을 기준으로 진행하겠다.

(1) 이더리움 구매

[그림 5-2-43] 케이뱅크에 원화 입금

① 구매할 작품의 원화 금액과 수수료를 고려하여 케이뱅크 계좌에 원화(₩)로 입금한다.

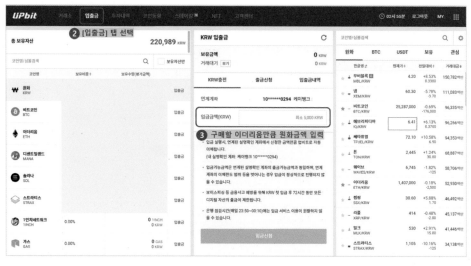

[그림 5-2-44] 업비트 거래소에 입금 신청

② 업비트 거래소에 로그인한 후, [입출금] 탭을 이동한다.

③ 자신의 케이뱅크 계좌에서 구매할 이더리움만큼의 원화를 입력한다.

▷ 이때 업비트 거래소 자체 출금 수수료 0.018ETH와 오픈씨에서 작품을 구매할
  때 발생하는 가스피가 있으니, 고려해서 넉넉한 금액을 출금할 것을 권장한다.

▷ 만약 업비트 거래소와의 거래가 처음이라면, 최초 원화 입금 후 가상화폐 출금
  이 72시간 정도 제한된다. 그리고 최초 KRW(원화) 입금 후 24시간 동안은 가상
  화폐 출금이 제한된다.

4장 NFT 마켓플레이스
(NFT Marketplace)

5장 NFT 발행, 판매 등록/작품 구매
(Minting, Listing/Buy)

6장 NFT 프로젝트 사례

7장 온사이버(onCyber)와
디센트럴랜드(Decentraland)

[그림 5-2-45] 이더리움 구매

④ [거래소] 탭으로 이동한다.

⑤ 거래 품목을 '이더리움'으로 변경한다

⑥ 현재 시장가로 구매하기 위해 [매수]와 [시장가]를 선택하고

⑦ 주문 금액을 입력하여 이더리움을 구매한다.

(2) 거래소와 메타마스크 지갑 연동

여기서부터는 메타마스크 암호화폐 지갑과 연동하여 암호화폐를 전송하는 부분이다.

[그림 5-2-46] 업비트와 메타마스크 지갑 연동-1

① 설치된 메타마스크와 업비트를 연동하기 위해 업비트 오른쪽 상단 [MY] 클릭한다.

② 주소 관리 항목에서 [개인지갑 주소 관리] 부분의 [관리하기]를 클릭한다.

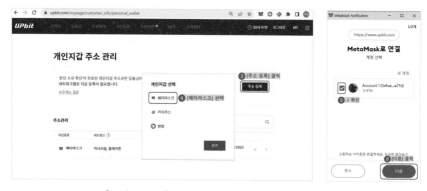

[그림 5-2-47] 업비트와 메타마스크 지갑 연동-2

③ [주소 등록]을 클릭

④ 연결할 지갑 [메타마스크]를 선택한다.

⑤ 거래할 주소 지갑을 확인 후, ✓ 체크 확인

⑥ [다음] 클릭

[그림 5-2-48] 메타마스크 지갑으로 이더리움 출금

⑦ 업비트 거래소에서 [입출금] 탭 선택

⑧ 코인명을 보유 자산인 [이더리움]으로 선택

⑨ [출금 신청] 탭 선택

⑩ [출금 수량]에 메타마스크로 전송할 이더리움 수량을 입력한다.

⑪ 입력 사항 확인 후 [확인] 클릭한다.

(3) 오픈씨 작품 구매

이제 오픈씨에서 작품을 구매해 보도록 하자

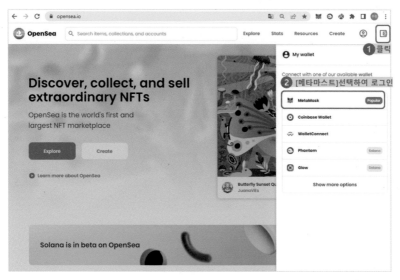

[그림 5-2-49] 오픈씨에 메타마스크 지갑으로 로그인

① opensea.io에 접속하여 오른쪽 상단 지갑 모양을 클릭하면,

② 연결할 지갑 유형 중 [메타마스크]를 선택하여 자신의 메타마스크 주소로 로그인

한다.

4장 NFT 마켓플레이스
(NFT Marketplace)

5장 NFT 발행/판매 등록/작품구매
(Minting/Listing/Buy)

6장 NFT 프로젝트 사례

7장 온사이버(onCyber)와
디센트럴랜드(Decentraland)

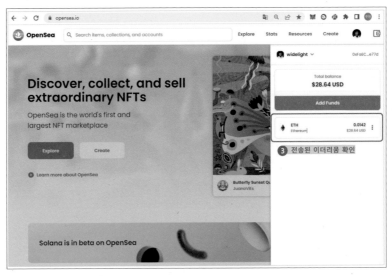

[그림 5-2-50] 메타마스크 이더리움 입금 확인

③ 방금 로그인된 메타마스크 지갑에서 조금 전 출금했던 이더리움의 수량이 제대로 전송되어졌는지 확인한다. 보통 출금 신청 후 바로 정보가 보이지 않는 경우가 있는데, 5분 이후에 다시 확인해 보도록 하자. 처리하는 데 시간이 걸리는 듯하다.

4장 NFT 마켓플레이스
(NFT Marketplace)

5장 NFT 발행/판매 등록/작품구매
(Minting/Listing/Buy)

6장 NFT 프로젝트 사례

7장 오사이버(onCyber)와
디센트럴랜드(Decentraland)

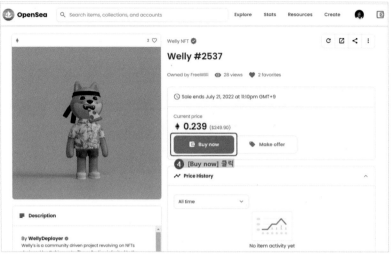

[그림 5-2-51] 구매할 작품 선택

④ 이더리움 보유 금액을 고려하여 구매할 NFT 작품을 선택한 후 [Buy now] 클릭한다.

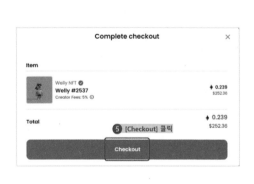

[그림 5-2-52] 작품 가격 + Gas Fee 지불

⑤ 선택한 NFT 작품과 전체 금액을 확인하고 [Checkout]을 클릭한다.

⑥ 메타마스크 지갑에서 해당 지출 금액을 확인한 후, [확인]을 클릭하면 구매가 마무리된다. 가스피는 수시로 변동될 수 있기 때문에 구매 시마다 가격이 조금씩 달라질 수 있다.

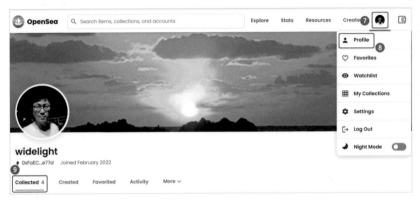

[그림 5-2-53] 구매 작품 확인

⑦ 구매가 완료되었다면, 오른쪽 상단 자신의 아이콘을 클릭하여

⑧ Profile로 이동한다.

⑨ [Collected] 항목에서 구매한 NFT 작품이 보이는지 확인한다.

03 크래프터스 페이스(Krafter Space)에서 NFT 발행하기

　크래프터스페이스(KrafterSpace)는 카카오 그룹의 자회사이면서 블록체인 플랫폼 및 서비스 개발사인 그라운드X에서 운영하는 사이트로, NFT 발행만 지원할 뿐 자체 마켓 기능을 수행하지 않아 오픈씨 같은 마켓 플랫폼에 카이카스(Kaikas) 암호화폐 지갑을 연결해 판매 등록을 별도로 해야 한다. NFT 발행 비용이 들지 않고 클레이튼을 통한 오픈씨에서의 판매 등록 비용도 이더리움에 비해 상당히 저렴하지만, 전문 작가들의 NFT 작품에 대한 마케팅과 컬렉션 연동 부분에서는 다소 아쉬운 점이 있는 편이다.

1) | 로그인 및 회원 가입

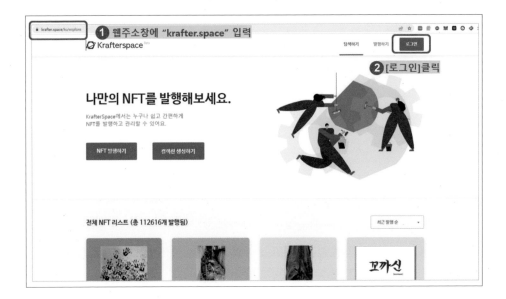

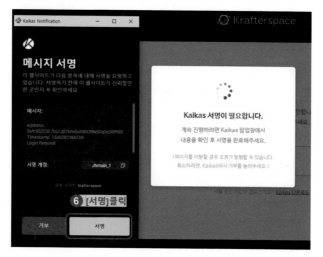

[그림 5-3-1] KrafterSpace 사이트에 로그인하기

○ KrafterSpace 회원 가입

카이카스 지갑을 만들고, 크래프터스페이스 사이트에 처음 접속하는 사용자라면, 로그인 시 회원 가입 안내 팝업창을 확인할 수 있을 것이다. 아래 그림에서와 같이 해당 정보를 입력하여 회원 가입을 진행하자.

[그림 5-3-2] KrafterSpace 회원 가입하기

- 회원 가입 팝업창이 나타나면 닉네임과 이메일 주소 등을 입력하고, 회원 가입을 클릭한다.
- 입력한 이메일 주소로 이메일 인증 관련 메일이 발송되는데, 해당 메일에 접속하여 [인증하기]를 클릭하면 이메일 인증이 완료되고, [홈으로] 클릭하여 사이트 메인화면으로 이동하면서 회원 가입을 완료하게 된다.

2) | 컬렉션 만들기

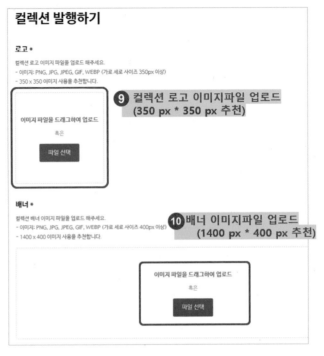

[그림 5-3-3] 컬렉션 발행하기(로고, 배너 이미지 파일 업로드)

⑦ KrafterSpace 사이트에 로그인하여

⑧ [컬렉션 생성하기]를 클릭하면, 컬렉션 발행하기 설정 화면이 나타난다.

⑨ ⑩ 준비된 컬렉션 로고 이미지 파일과 배너 이미지 파일을 업로드한다.

4장 NFT 마켓플레이스
(NFT Marketplace)

5장 NFT 발행/판매 등록/직접구매
(Minting/Listing/Buy)

6장 NFT 프로젝트 사례

7장 온사이버(onCyber)와
디센트럴랜드(Decentraland)

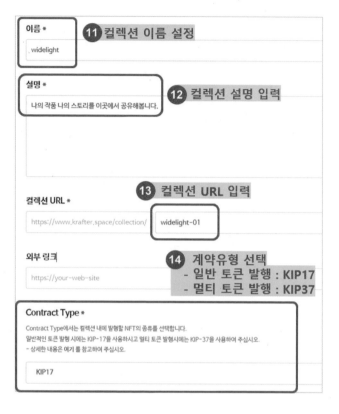

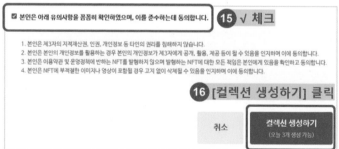

[그림 5-3-4] 컬렉션 발행하기(이름, 설명, URL 등 설정)

⑪~⑮ 컬렉션 이름, 설명, 접속 URL 등 해당 내용을 작성하고,

⑯ [컬렉션 생성하기]를 클릭한다.

[그림 5-3-5] 컬렉션 생성 완료

⑰ 컬렉션 생성에 대해 카이카스 지갑에서 [서명]을 한 후,

⑱ 생성된 컬렉션을 확인한다.

3) ｜ NFT 발행하기

[그림 5-3-6] KrafterSpace에서 NFT 발행하기-1

① KrafterSpace 사이트에 로그인 후, 메인화면에 나타나는 [NFT 발행하기]를 클릭
하면 "새로운 NFT 발행하기" 메뉴 화면이 나타난다.

4장 NFT 마켓플레이스 (NFT Marketplace)

5장 NFT 발행/판매 등록/거품구매 (Minting/Listing/Buy)

6장 NFT 프로젝트 사례

7장 온사이버(onCyber)와 디센트럴랜드(Decentraland)

② 가로, 세로 600px 이상의 작품 사진이나 디지털 작품을 업로드한다. 이때 사이즈
가 지정 사이즈가 아닐 경우, Ⓐ와 같이 알림창이 나타난다.

- 최대 업로드 파일 용량: 10MB까지 가능

- 이미지 포맷: PNG, JPG, JPEG, GIF, WEBP (가로세로 사이즈 600px 이상)

- 영상 포맷: MP4 (가로세로 사이즈 600px 이상)

③ 업로드된 디지털 자산의 미리보기를 통해 적용된 사항을 확인한다.

④ ⑤에서 배경색과 작품 이름을 설정하여 미리보기에서 확인해 본다.

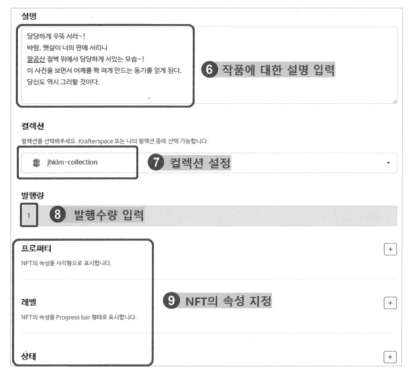

[그림 5-3-7] KrafterSpace에서 NFT 발행하기-2

⑥ ⑦ ⑧ 작품에 대한 설명과 해당 작품에 맞는 컬렉션을 선택하는데, 우리는 앞서

생성한 컬렉션을 선택한다. 발행 수량은 우선은 1개로 설정해서 진행해 본다.

⑨ 여러 개의 NFT 작품을 발행할 때, 각 NFT 작품의 구체적인 특성을 지정하는 곳
이다.

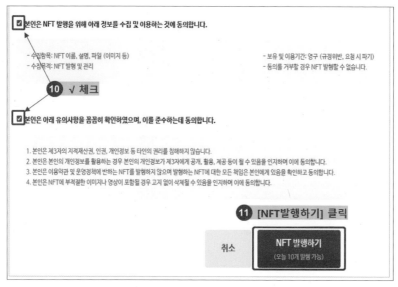

[그림 5-3-8] KrafterSpace에서 NFT 발행하기-3

⑩ 해당 내용에 읽어보고 √ 체크한 후,

⑪ [NFT 발행하기]를 클릭한다. 1일 최대 발행 가능 수량은 10개로 한정되어 있다.

[그림 5-3-9] KrafterSpace에서 NFT 발행하기-4

⑬ Kaikas 지갑의 서명을 거쳐

⑭ NFT 발행을 완료한다.

▷ 크래프터스페이스에서는 NFT 발행만 할 수 있다. 자체 마켓플레이스 기능이 없기에 여기서 NFT 발행한 디지털 자산을 오픈씨에 Kaikas로 접속하여 NFT 판매 등록을 하도록 한다.

6

NFT 프로젝트 사례

01 PFP NFT 프로젝트란?

PFP(Profile Picture)는 소셜 플랫폼이나 커뮤니티에서 자신을 표현하는 프로필 사진을 의미하는데, 이를 디지털 아트 형태의 NFT로 발행하는 프로젝트를 "PFP NFT 프로젝트"라 한다.

대표적인 프로젝트는 크립토펑크(CryptoPunks)와 지루한 원숭이들의 요트클럽(BAYC, Bored Ape Yacht Club)이 있다.

PFP NFT는 프로필 사진뿐만 아니라, 커뮤니티의 맴버십(회원증) 역할을 함으로써 소속감 증대와 커뮤니티의 활성화를 통한 수익 창출 및 비즈니스 모델이 등장하기 시작했다.

초기에 유명인들이 PFP NFT를 구매하여 특정 커뮤니티에서 프로필 사진으로 활용함으로써 널리 알려지고, NFT의 가치성이 높게 인정받기 시작했다.

[그림 6-1-1] 크립토펑크 NFT를 프로필 사진으로 사용하는 유명 CEO 및 유명인 (출처: CryptoTimes)

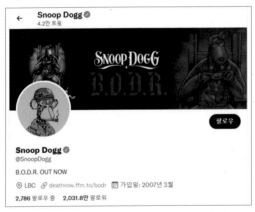

[그림 6-1-2] 미국 유명 랩퍼 스눕독(Snoop Dogg) 트위터 BAYC 프로필 사진 (출처: twitter.com/SnoopDogg)

02 해외 NFT 프로젝트 사례

1) 크립토펑크(Cryptopunks)

크립토펑크는 2017년 라바랩스(LarvaLabs)에서 만든 이더리움 기반 PFP NFT 프로젝트이다.

NFT 프로젝트의 시초라고 알려진 가장 오래된 프로젝트로서 역사성으로 인정받고 있기 때문에 매우 높은 가격에 거래되고 있다.

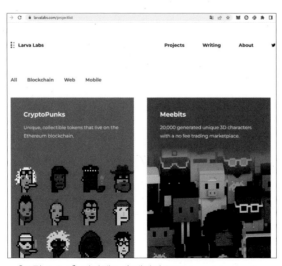

[그림 6-2-1] 라바랩스 홈페이지 (출처: larvalabs.com)

라바랩스는 크립토펑크 NFT 프로젝트를 아래 그림에서와 같이 설명하고 있다.

[그림 6-2-2] 크립토펑크에 대한 라바랩스의 설명 (출처: cryptopunks.app)

위 그림의 마지막에 "ERC-721 표준에 영감을 줍니다."라는 말은, 크립토펑크가 발행될 당시에는 NFT 발행에 대한 프로토콜이 ERC-20밖에 없었기 때문에 이를 변형해서 NFT 토큰을 발행했다고 한다. 이후 크립토펑크를 통해 영감을 받아 ERC-721 프로토콜이 나오게 되었고, 이는 지금의 많은 NFT 프로젝트가 출시되는 기반이 되었다고 한다. 즉 크립토펑크는 PFP NFT 프로젝트의 개척자이자 시조인 것이다.

그리고 크립토펑크는 서로 다른 고유한 1만 개의 캐릭터 그림으로 NFT 토큰화되었는데, 1만 개 중 1,000개는 내부 개발자에게 배포되었고, 남은 9,000개는 무료로 사람들에게 배포되었다. 이후에 NFT 프로젝트의 역사성으로 인해 NFT 마켓플레이스에서 고가로 거래가 왕성하게 일어나게 되었다.

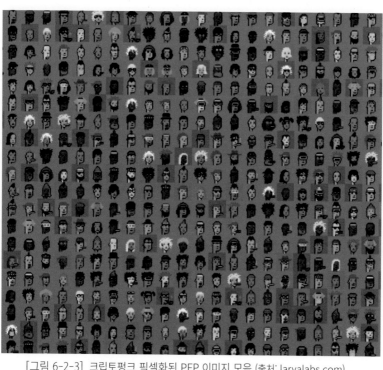

[그림 6-2-3] 크립토펑크 픽셀화된 PFP 이미지 모음 (출처: larvalabs.com)

크립토펑크는 알고리즘 방식으로 생성된 24*24 픽셀 아트 이미지 모음인데, 자세히 보면 대부분 강렬한 멋이 느껴지는 스타일의 남자와 여자, 그리고 원숭이, 좀비, 외계인과 같이 희귀한 형태의 캐릭터 디자인이 포함되어 있다.

4장 NFT 마켓플레이스 (NFT Marketplace)

5장 NFT 발행/판매 등록/직접구매 (Minting/Listing/Buy)

6장 NFT 프로젝트 사례

7장 온사이버(onCyber)와 디센트럴랜드(Decentraland)

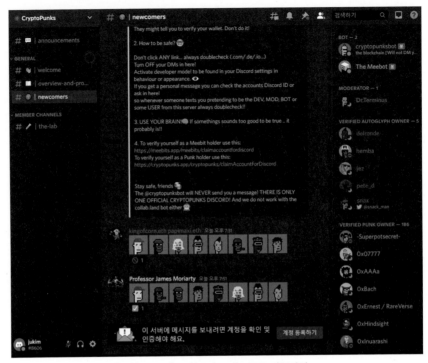

[그림 6-2-4] 크립토펑크 디스코드 커뮤니티

크립토펑크에 대한 모든 입찰, 제안, 판매 등 거래 정보는 위 디스코드 커뮤니티에서
실시간 확인할 수 있고, 아래 오픈씨 마켓플레이스에서 크립토펑크의 캐릭터별 정보와
판매 가격을 확인해 볼 수 있다.

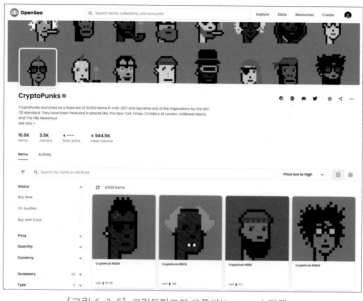

[그림 6-2-5] 크립토펑크의 오픈씨(Opensea) 마켓

[그림 6-2-6] 크립토펑크의 #5822 희귀 NFT와 구매자 Chain CEO 디팍 타플리얄
(출처: twitter.com/dt_chain 및 hostingjournalist.com)

2021년 2월에 크립토펑크 #5822가 약 284억 원(2,370만 달러)에 판매되어 자체 캐릭터 최고가 거래 기록을 세우기도 했다. 최고가로 판매된 크립토펑크 #5822는 하늘색의 피

4장 NFT 마켓플레이스
(NFT Marketplace)

5장 NFT 발행/판매 등록/직접구매
(Minting/Listing/Buy)

6장 NFT 프로젝트 사례

7장 온사이버(onCyber)와
디센트럴랜드(Decentraland)

부에 파란 두건을 쓰고 있는 희귀한 외계인 스타일의 NFT인데, 이 외계인 캐릭터는 크립토펑크의 전체 1만 개 중 단 9개만 존재하는 가장 희귀한 NFT이기에 화제가 되었다.

사상 최고가의 희귀 외계인 NFT의 구매자는 블록체인 스타트업 회사인 Chain의 최고경영자(CEO) 디팍 타플리얄(Deepak Thapliyal)인데, 이 NFT를 구매하기 위해 8,000이더(ETH), 약 2,370만 달러를 투자한 것으로 알려졌다.

이전까지 크립토펑크 최고가 기록은 2021년 6월 소더비 경매에서 당시 약 140억 원에 팔린 #7523이었는데, 그 기록이 갱신된 것이다. (출처: 한국경제)

[그림 6-2-7] 크립토펑크 #7523 (출처: opensea.io)

2) 지루한 원숭이들의 요트 클럽(Bored Ape Yacht Club)

BAYC는 미국의 블록체인 스타트업(Startup) 유가랩스(YugaLabs)가 2021년 4월 출시한 PFP NFT 프로젝트로, 상당한 NFT 열풍을 일으킨 NFT 컬렉션이다.

[그림 6-2-8] 유가랩스 홈페이지 공지 내용 (출처: yugalabs.com)

위 유가랩스 홈페이지에도 게시되어 있듯이 2022년 3월, 크립토펑크로 유명한 제작사 라바랩스로부터 크립토펑크(CryptoPunks)와 미비츠(Meebits)의 IP(지적재산권, Intellectual Property)를 인수하여 상업적인 권리를 가지고 있음을 공지했다.

지루한 원숭이들의 요트클럽(BAYC)은 제목대로 지루해하는 표정으로 찍은 원숭이들의 프로필 사진인데, 그 세계관은 이렇다고 한다.

"암호화폐의 급상승으로 너무너무 부자가 되어 버려 세상의 모든 것에 지루해져 버린 원숭이들이 늪지에 자신들만의 아지트를 만들어 숨어 버렸다."

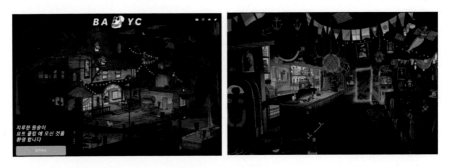

[그림 6-2-9] BAYC 아지트 (출처: boredapeyachtclub.com)

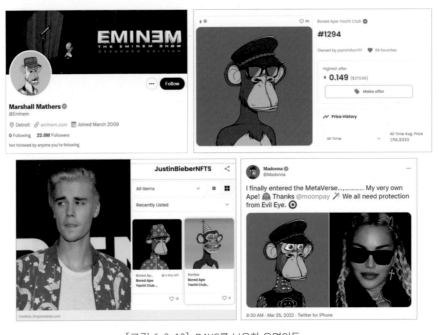

[그림 6-2-10] BAYC를 보유한 유명인들

BAYC는 에미넴, 스눕독, 패리스 힐튼, 저스틴비버, 마돈나 등 유명인들이 거액에 구매한 사실과, 소셜미디어에 프로필 사진으로 사용한 것이 화제를 모았다.

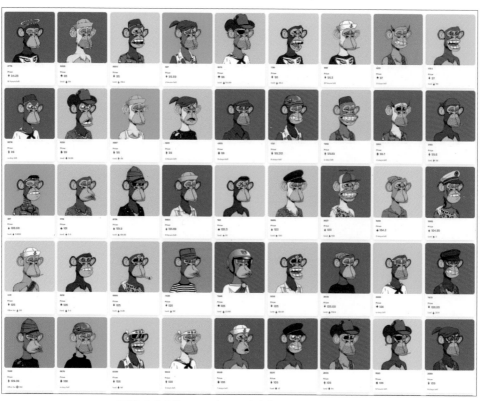

[그림 6-2-11] BAYC의 PFP 이미지 (출처: opensea.io)

BAYC가 전 세계적으로 흥행에 성공한 이유는 적극적인 커뮤니티 운영을 통해 커뮤니티 단체의 가치를 높인 부분인 것으로 전문가들은 보고 있다. 즉 커뮤니티를 통해 충분히 내용을 알리고, 공감하는 멤버들에게 수익에 대한 신뢰감을 주었기에 실현된 것이라 할 수 있다.

그리고 BAYC가 크립토펑크와의 다른 점은 정해진 발행량에 대한 분배가 고르게 되었다는 점이다.

즉 두 프로젝트 모두 1만 개씩 발행된 NFT 컬렉션이지만, 2021년 12월 기준으로 크립토펑크 보유자는 3,273명으로, 총 발행량의 20%는 상위 10명이 보유하고 있는 것에 비해 BAYC 보유자는 6,082명으로 분배가 고르게 이루어져 있는 점이 특징이다.

(출처: 블록체인투데이, www.blockchaintoday.co.kr)

[그림 6-2-12] 아디다스오리지널스가 BAYC와 함께 만든 아바타 '인디고 허츠'
(출처: twitter.com/adidasoriginals)

또한, BAYC의 PFP NFT 보유자에게는 2차 창작에 대한 지적재산권을 인정해 사업적으로 활용할 수 있도록 하여 상품과 게임, 영상, 브랜딩 등 마케팅과 문화 콘텐츠를 제작하여 그에 대한 수익을 창출할 수 있게 했다는 점도 주목할 만한 특징이다.

대표적인 예로, 세계적인 의류 브랜드 아디다스(adidas)는 보유한 BAYC PFP 캐릭터를 이용하여 위 그림에서 보듯이 자사 의류 제품에 대한 콘텐츠를 제작하여 마케팅에 사용하면서 매출 상승과 함께 큰 화제가 되었다.

03 국내 NFT 프로젝트 사례

메타콩즈는 클레이튼(Klaytn) 블록체인 기반으로 한, 2021년 12월에 출시된 고릴라 형상의 3D PFP 국내 NFT 프로젝트이다. 이 프로젝트에 참여한 '멋쟁이사자처럼'의 이두희 대표와 이강민 대표는 사이버콩즈(CyberKongz)에서 영감을 받아 NFT를 제작하게 되었다고 한다.

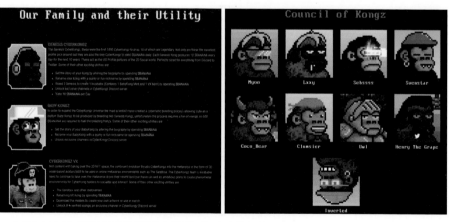

[그림 6-3-1] 메카콩즈 프로젝트에 영감을 준 사이버콩즈(CyberKongz) (출처: cyberkongz.com)

메타콩즈에 대한 성공적인 론칭은 '당시 클레이튼 협력사이면서 로블록스 한국 공식 파트너사였던 '멋쟁이사자처럼'의 이두희 대표가 메타콩즈 프로젝트 참여함이 알려지면서 NFT 사장에 큰 기대와 관심이 집중된 것으로 당시 전문가들은 분석하고 있다.

[그림 6-3-2] 메카콩즈 공식 사이트 (출처: themetakongz.com)

[그림 6-3-3] 메카콩즈의 스토리, 세계관 설명(출처: themetakongz.com)

메카콩즈의 세계관은 위 공식 홈페이지에서도 소개되고 있듯이, 서커스장에서 지내며 지루해하고 있던 고릴라들이 파라다이스에 가기 위해 하수구에 들어가 엔진을 개발한다는 스토리를 배경으로 하고 있다.

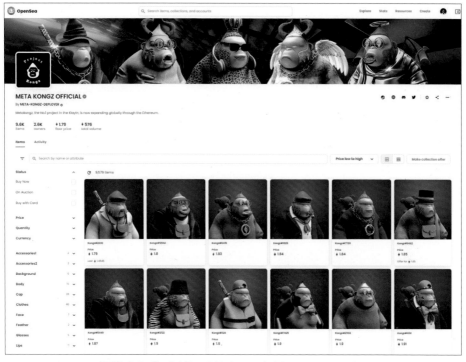

[그림 6-3-4] 메카콩즈 오픈씨 NFT 마켓 (출처: opensea.io)

메타콩즈는 출시된 이후, 많은 대기업과의 업무 제휴를 통해 협업 NFT 프로젝트를 진행하고 있다.

메타콩즈와 업무 체휴를 통해 진행하고 있는 대기업들의 사례를 보도 기사를 통해 살펴보도록 하자.

✓ 메타콩즈 ✕ 현대자동차

[그림 6-3-5] 현대자동차✕메타콩즈 유튜브 영상 (출처: 유튜브 현대자동차그룹)

2022년 4월 18일 현대자동차는 메타콩즈와 협업해 NFT를 발행한다고 밝히면서 관련 54초짜리 유튜브 영상을 공개했다. 이번 프로젝트의 스토리(세계관)는 선글라스를 낀 메타콩즈가 현대자동차의 첫 독자 생산 모델인 포니(Pony)를 타고 메타버스(우주)를 항해하는 모습을 통해 〈메타 모빌리티〉를 설명하고 있다고 한다. 즉 고객에게 시공간을 넘나드는 이동 경험을 제공하겠다는 것이 주요 스토리가 될 것으로 보인다.

[그림 6-3-6] 현대자동차×메타콩즈 오픈씨 NFT 마켓 (출처: opensea.io)

2022년 4월 20일 오픈씨를 통해 한정판으로 현대×메타콩즈 컬래버레이션 NFT 30개를 발행했다. 1개당 가격은 1이더리움(약 375만 원)으로 구매 고객에게는 이후 웹사이트를 통해 발행될 NFT 중 일부를 무료로 제공하고, 현대자동차가 마련한 트위터와 디스코드 채널을 통해 실시간 소통 서비스를 이용할 수 있도록 한다고 밝혔다. (출처: 동아일보)

√ 메타콩즈×신세계

2022년 4월, 신세계는 메타콩즈와 업무 협약을 체결하고 NFT·블록체인 등 신기술과 트렌드에 민감한 MZ세대 고객 공략에 나섰다. NFT를 제작·판매할 뿐만 아니라 메타버스를 통해 문화센터 강좌도 진행한다.

4장 NFT 마켓플레이스
(NFT Marketplace)

5장 NFT 발행/판매 등록/작품구매
(Minting/Listing/Buy)

6장 NFT 프로젝트 사례

7장 온사이버(onCyber)와
디센트럴랜드(Decentraland)

[그림 6-3-7] 신세계백화점 대표 캐릭터 '푸빌라' NFT 이미지

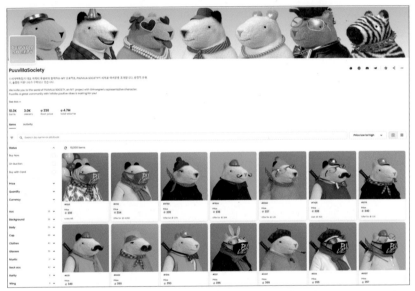

[그림 6-3-8] 신세계백화점 대표 캐릭터 '푸빌라' NFT 1만 개 발행 판매 (출처: opensea.io)

2022년 6월에는 신세계백화점의 대표 캐릭터인 '푸빌라'를 NFT로 1만 개 제작해 판매한다. 신세계가 발행한 NFT 1만 개는 각각 다른 6개의 등급으로 나뉘어, 그 등급에 따라서 백화점에서 이용할 수 있는 우수 고객 혜택을 제공한다.

신세계는 메타콩즈와 협약을 통해 대기업 최초로 신세계 자체 캐릭터를 이용한 PFP

NFT 기획·제작, NFT 전시·페스티벌 기획, 메타콩즈 NFT 커뮤니티 및 신세계백화점 고객 대상 온·오프라인 마케팅, NFT 캐릭터를 활용한 메타버스 생태계 구축 등을 추진한다.

신세계는 자체 캐릭터 '푸빌라'를 활용한 NFT로 굿즈 제작, 브랜드·아티스트 컬래버레이션(협업), 메타버스 생태계 구축 등을 선보일 전망이다.

'푸빌라'는 신세계백화점의 대표 캐릭터로 2017년 처음 탄생한 이후 럭셔리 브랜드 로저비비에, 쓱랜더스와 협업을 진행하며 2030세대 고객들에게 많은 사랑을 받고 있다.(출처: 매일경제)

2) 선미야클럽(Sunmiya Club)

선미야클럽은 2022년 2월 에프에스엔(FSN)과 핸드스튜디오의 블록체인연구소 핑거랩스(FingerLabs)가 국내 최초 여성 아티스트의 지적재산권을 활용해 출시한 PFP NFT 프로젝트이다.

[그림 6-3-9] 선미야클럽 공식 사이트 (출처: sunmiya.club)

PFP NFT 프로젝트의 특성 그대로 선미야클럽도 국내 클레이튼을 기반으로 총 1만 개의 PFP NFT를 발행하였고, 아티스트와 NFT 보유자가 함께 만들어가는 커뮤니티 멤버십 형태이다.

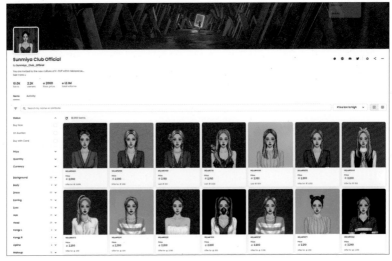

[그림 6-3-10] 선미야클럽 NFT 마켓 (출처: opensea.io)

선미야클럽의 스토리(세계관)는 공식 사이트 상단 메뉴에서 [UNIVERSE]를 클릭하면 설명된 웹페이지를 볼 수 있고, 선미야클럽의 지속 가능한 NFT생태계의 내용도 [ECOSYSTEM]을 클릭하면 그 내용을 확인해 볼 수 있다.

4장 NFT 마켓플레이스
(NFT Marketplace)

5장 NFT 발행/판매 등록/작품구매
(Minting/Listing/Buy)

6장 NFT 프로젝트 사례

7장 온사이버(onCyber)와
디센트럴랜드(Decentraland)

[그림 6-3-11] 선미야클럽 UNIVERSE 재구성 (출처: sunmiya.club)

스토리는 위 그림에서 보듯이 미야는 어떤 신비한 문을 발견해서 들어가게 되는데, 음악과 유흥이 금지된 도시 '시키리오'에 도착하여 그곳에서 사람들에게 즐거움을 알려 주기 위해 노래를 부른다. 하지만, 미야는 시키리오의 질서를 파괴한 죄로 수정안에 갇혀 구해 달라는 소리를 지르게 된다. 이때 그 소리는 다른 행성에 존재하는 1만 명의 미야에게 전달되고, 그 미야들은 자신의 행성에서 문을 발견하게 된다는 이야기이다. 여기서부터 미야 프로젝트의 생태계가 시작된다고 할 수 있다.

선미야클럽 PFP NFT 프로젝트의 의의는 국내 여성 K팝 아티스트 최초의 PFP NFT 이며, 메타버스 내에 '선미야클럽'을 론칭하여 다양한 창작 활동, 콜라보 등을 통해 새로운 K팝 문화의 개척을 시도한다는 것에 있다. 아티스트의 IP(지적재산권)를 활용한 NFT의 가치가 높아지면, NFT 보유자의 혜택도 증가되는 거버넌스 방식을 통해 NFT

프로젝트의 생태계를 확장시킬 수 있는 다양한 방법들이 적용될 것으로 보인다.

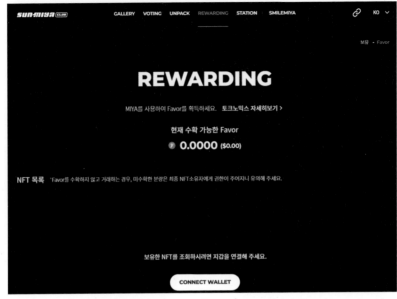

[그림 6-3-12] 선미야클럽 Favor 획득을 위한 Rewarding 페이지 (출처: sunmiya.club)

이전에는 마이닝(MINING)이라고 했는데, 지금은 변경이 되어 리워딩(REWARDING)으로 표기되어 있다.

리워딩을 통해 미야 PFP NFT 보유자들은 Favor 토큰을 획득할 수 있고 현금으로 전환할 수 있는데, 이를 통해 선미야클럽 NFT 프로젝트는 토크노믹스(Token + Economics), 즉 토큰을 통한 경제 생태계를 실현하게 된다. 자세한 사항은 위 그림의 리워딩 페이지에서 [토크노믹스 자세히 보기]를 클릭하면, 아래 그림과 같이 토크노믹스에 대한 간단한 설명과 Favor 백서를 다운로드받아 볼 수 있다.

[그림 6-3-13] '토크노믹스 자세히 보기' 클릭 시 팝업창 (출처: sunmiya.club)

선미야클럽도 PFP NFT를 통해 여러 업체와 제휴를 통한 프로젝트를 진행하고 있다. 이에 대한 사례를 보도 기사를 통해 살펴보자.

○ 선미야클럽×워터밤리그

[그림 6-3-14] 선미야클럽×워터밤리그

2) 선미야클럽(Sunmiya Club)   235

위터밤리그와 선미야클럽이 파트너십을 체결했다. 위터밤리그는 라이브 이벤트 NFT 플랫폼 이터널 에디션즈(EE; Eternal Editions)의 첫 번째 프로젝트이다. 위터밤리그는 관객 평점 9.0, 여름 시즌 최고의 뮤직 페스티벌이자 대한민국을 대표하는 국내 최초 전국 투어 및 월드 투어 페스티벌에 실제 참여권이 제공되는 NFT 프로젝트로, 오프라인과 웹 3.0을 넘나드는 새로운 문화 형성과 위터밤 브랜드의 사업 영역 확장 및 메타버스 세계로 도약하기 위한 글로벌 NFT 프로젝트이다. 또한, 선미야클럽과의 파트너십 발표와 함께 과거 위터밤 무대로 화제가 되었던 선미의 위터밤 페스티벌 출연도 공개했다.(출처: 코인리더스)

○ 스마일 미야 클럽 (선미야클럽×G마켓 스마일페이)

〈스마일 미야 클럽〉은 선미야클럽과 대한민국 대표 커머스 기업 G마켓 스마일페이가 함께하는 콜라보 프로젝트이다. 이번 프로젝트는 클레이튼을 기반으로 총 3,000개의 PFP NFT를 발행하며, 스마일페이 자원을 활용한 랜덤박스, 스마일클럽 연회비, 홀더 전용 쿠폰 등 다양한 혜택을 NFT 보유자들에게 제공된다고 한다. (출처: G마켓)

[그림 6-3-15] 〈스마일 미야 클럽〉 G마켓 전용관 사이트 (출처: G마켓)

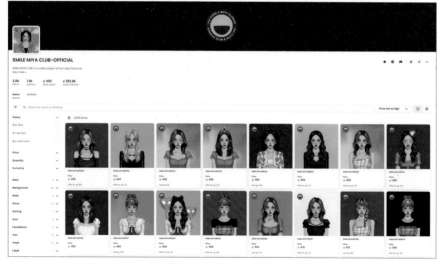

[그림 6-3-16] 〈스마일 미야 클럽〉 오픈씨 마켓 (출처: opensea.io)

4장 NFT 마켓플레이스
(NFT Marketplace)

5장 NFT 발행/판매 등록/작품구매
(Minting/Listing/Buy)

6장 NFT 프로젝트 사례

7장 온사이버(onCyber)와
디센트럴랜드(Decentraland)

7

온사이버(onCyber)와
디센트럴랜드(Decentraland)

01 온사이버(onCyber):
가상 갤러리 플랫폼

1) 온사이버란?

　사람들은 다양한 이유로 NFT를 구매한다. 커뮤니티의 멤버가 되기 위해서, PFP로 사용하기 위해서, 투자의 목적으로, 혹은 가볍게 플렉스하기 위해서 NFT를 구매한다. 구매한 NFT를 트위터나 인스타그램에서 자랑하기도 한다. 여기에 나의 NFT를 3D 가상현실로 보여 줄 수 있는 가상 갤러리 전문 메타버스 플랫폼 ONCYBER를 소개하고자 한다. NFT 보유자로서 혹은 디지털 아티스트나 NFT 아트 에이전트로서 유용하게 사용할 수 있는 플랫폼이다. 계속 개선 중인 플랫폼이라 수시 업데이트가 되나 기본적으로 다른 가상 갤러리를 돌아볼 수 있는 EXPLORE 메뉴와 자신의 갤러리를 만들 수 있는 3D Studio 메뉴는 변함이 없으므로 그에 맞추어 활용하면 된다.

2) 온사이버 시작하기

(1) 온사이버 검색 및 가입 방법

[그림 7-1-1] 검색하기

온사이버는 아직 국내에서 많이 알려진 플랫폼이 아니다. 한글로 검색하면 나타나지 않으므로 구글에서 검색할 때에는 영문으로 검색을 해야 한다. ①의 검색란에 oncyber를 검색하고 ②를 클릭한다.

[그림 7-1-2] 홈페이지

홈페이지에 들어가면 디지털 지갑을 연결하여 회원 가입을 하게 되어 있다. 우측 상단에 [connect wallet]을 클릭한다.

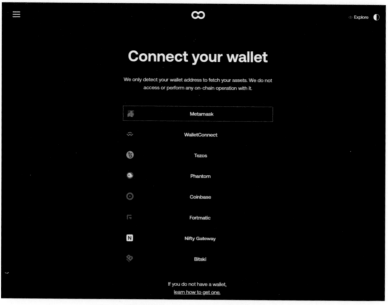

[그림 7-1-3] 지갑 연결하기

오픈씨에서 미리 민팅하거나 구매한 NFT로 갤러리를 만들기 위해서 오픈씨와 동
일한 전자지갑을 선택한다. 오픈씨에서 가장 많이 사용되는 지갑이 메타마스크이므
로 [메타마스크]를 선택한다.

4장 NFT 마켓플레이스
(NFT Marketplace)

5장 NFT 발행/판매 등록/작품구매
(Minting/Listing/Buy)

6장 NFT 프로젝트 사례

7장 온사이버(onCyber)와
디센트럴랜드(Decentraland)

[그림 7-1-4] 메타마스크 암호 넣기

미리 만들어 놓은 메타마스크의 비밀번호를 누르고 [잠금 해제]를 클릭한다.

[그림 7-1-5] 메타마스크로 연결

MetaMask로 연결 팝업이 뜨면 [다음]을 클릭한다.

4장 NFT 마켓플레이스
(NFT Marketplace)

5장 NFT 발행/판매 등록/작품구매
(Minting/Listing/Buy)

6장 NFT 프로젝트 사례

7장 온사이버(onCyber)와
디센트럴랜드(Decentraland)

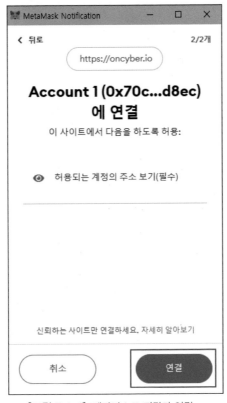

[그림 7-1-6] 메타마스크 지갑과 연결

Account1(메타마스크 지갑 주소명과 주소)에 연결이라는 팝업이 생성되면 [연결]을 클릭한다.

[그림 7-1-7] 서명하기

서명 요청 팝업이 생성되면 [서명]을 클릭한다. 서명을 하게 되면 자동적으로 메타마스크의 주소가 내 로그인 아이디가 된다.

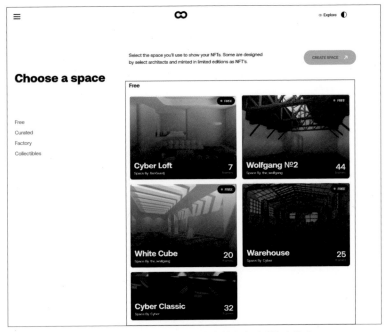

[그림 7-1-8] 최초 로그인 시 가상 갤러리 선택하기 화면

처음으로 메타마스크 지갑과 연결하게 되면 가장 먼저 나오는 화면은 Choose a space 이다. 오픈씨에서 자신의 개인 상점인 collection을 먼저 만들도록 유도하는 것처럼 온사이버에서도 기본 목적인 자신의 갤러리를 먼저 만들도록 유도하고 있다.

갤러리에 나의 NFT를 배치하지 않더라도 기본적으로 1개 이상의 갤러리를 가지고 있어야 한다. 내 갤러리가 될 space를 하나 선택하면 되는데 [Free]를 이용하여 무료로 나의 갤러리를 만들어 볼 수 있다. 더 좋은 갤러리를 만들고 싶다면 [Curated]나 [Factory]라고 되어 있는 갤러리를 선택하여 오픈씨에서 해당 NFT를 구매하면 유료로 더 멋있는 갤러리를 만들 수 있다.

현재 Free 갤러리는 5개뿐이나 점차 추가되고 있다.

(2) 가상 갤러리 생성

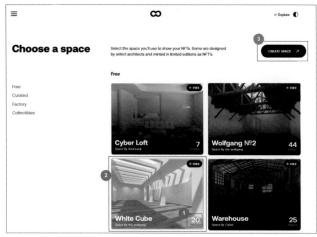

[그림 7-1-9] 가상 갤러리 선택하기

①은 각 갤러리에서 전시할 수 있는 NFT의 개수이다. ②와 같이 자신이 만들고 싶은 갤러리를 선택한 후 ③ [CREATE SPACE]를 클릭하여 자신의 갤러리를 만든다.

[그림 7-1-10] 선택된 가상 갤러리

생성된 스페이스(가상 갤러리)의 첫 화면은 위와 같은 형태로 되어 있다.

(3) 계정 메뉴 알아보기

[그림 7-1-11] 계정 메뉴 확인

우측 상단을 클릭하면 여러 가지 메뉴가 생성되는데, Explore를 통해 다른 사람의 갤러리를 방문할 때도 생성할 수 있는 메뉴이므로 먼저 알아보도록 한다.

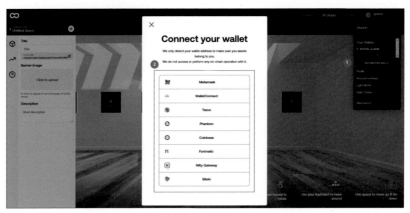

[그림 7-1-12] 다른 지갑 추가하기

① [ADD ANOTHER WALLET]을 클릭하면 Connect your wallet 팝업창이 생성된다.

4장 NFT 마켓플레이스
(NFT Marketplace)

5장 NFT 발행/판매 등록/작품구매
(Minting/Listing/Buy)

6장 NFT 프로젝트 사례

7장 온사이버(onCyber)와
디센트럴랜드(Decentraland)

여기서 다른 지갑을 추가하여 연결할 수 있다. 다만 다른 지갑으로 로그인 시에는 자신의 갤러리나 프로필을 함께 사용할 수는 없다. 별개의 아이디가 생성된다고 생각하면 된다. 이더리움이나 폴리곤으로 오픈씨에서 NFT를 만들지 않고 솔라나와 같은 다른 블록체인에 자신의 NFT를 만들고 온 사이버에서 NFT 갤러리를 만들고 싶을 경우에는 [Connect your wallet] 을 클릭하여 해당하는 지갑을 추가하여 온 사이버를 이용하면 된다.

[그림 7-1-13] 프로필

①을 클릭했을 때 생성되는 메뉴 중에서 ② [Profile] 메뉴는 ③ [Profile] 메뉴를 클릭했을 때와 동일하게 Profile 관리 메뉴로 넘어가게 된다.

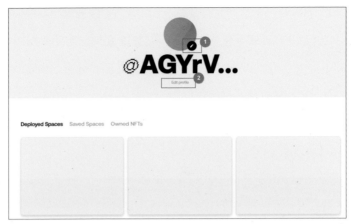

[그림 7-1-14] 프로필 확인

Profile 관리 메뉴는 위와 같은 화면으로 되어 있다. ① 혹은 ②를 클릭하면 동일한 팝업이 생성되므로 어떠한 것이라도 클릭하면 된다.

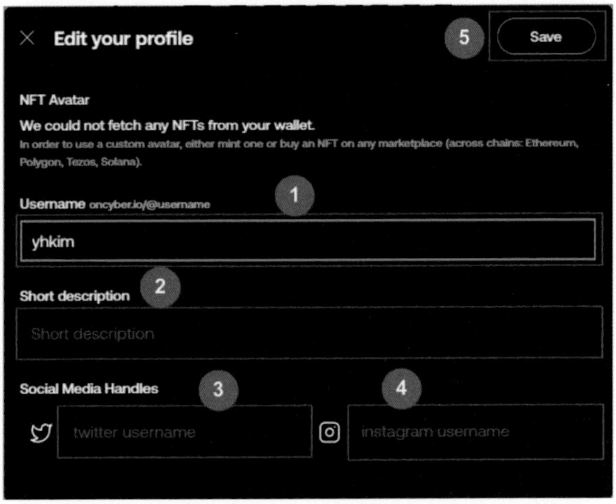

[그림 7-1-15] 프로필 수정

① [User name]은 사용자의 이름을 변경하는 곳이다. ② [Short description]은 사용자 본인에 대한 설명을 간단히 적는 부분이다. 이력이나 약력을 넣은 곳이라고 보면 된다. ③에는 자신의 twitter(트위터) 계정을 기입하고 ④에는 자신의 instagram(인

스타그램) 계정을 기입한다. 차후 트위터와 인스타그램과 연동할 듯하나 아직은 연동되지 않는다. 생성된 Profile 메뉴에서 필요한 것을 변경하여 ⑤ [Save]를 클릭하여 저장하면 된다.

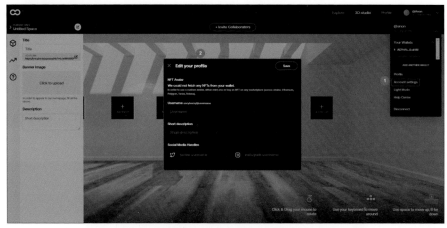

[그림 7-1-16] 프로필 수정

프로필 수정 팝업은 ① [Account settings]를 클릭했을 때도 ②와 같이 동일하게 생성된다.

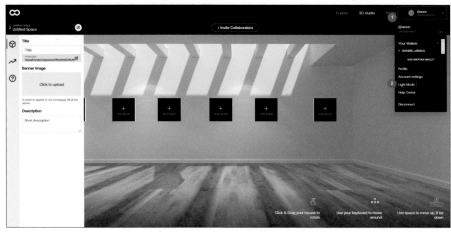

[그림 7-1-17] 홈 화면 LIGHT/DARK 모드 선택하기

위의 ②의 [Light mode] / [Dark mode]는 홈 화면의 밝기 모드를 변경하는 것이다.

[그림 7-1-18] 고객센터 열기

② [Help Center]는 고객센터를 팝업하는 메뉴이다.

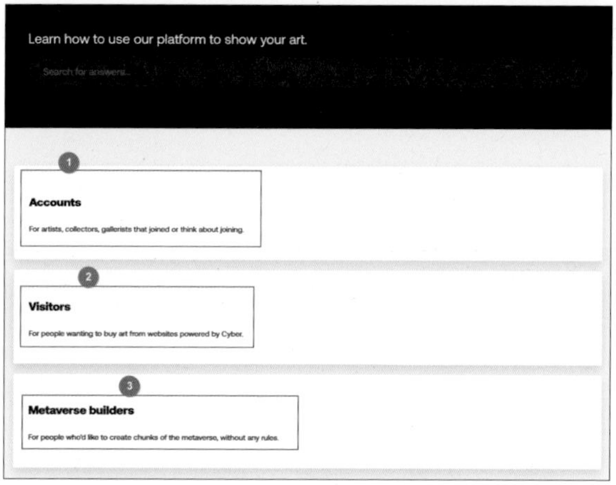

[그림 7-1-19] 고객센터

생성된 Help Center 메뉴는 ①을 클릭하여 계정에 관한 FAQ를 확인할 수 있고, ②를 클릭하여 온사이버에서 갤러리에 있는 NFT를 구매하고자 하는 방문객을 위한 FAQ를 확인할 수 있다.

③은 중요한 메뉴로서 온사이버의 가상 갤러리를 직접 디자인해 보고 싶은 메타버스 크리에이터를 위한 메뉴이다. ③을 클릭하여 생성되는 새로운 탭에서 온사이

버의 디스코드에 가입하고 생성된 계정 주소와 이력, 이메일 주소 등을 기입하여 제
출하면 온사이버의 갤러리 디자이너가 될 수 있다.

[그림 7-1-20] 로그아웃

위의 그림에서 [Disconnect]는 로그아웃 메뉴이다. 이곳을 클릭하면 완전히 로그
아웃이 되어 3D Studio에서 자신의 갤러리를 생성, 수정할 수 없다. 다만 Explore를
통하여 다른 사람의 갤러리를 방문하는 것은 가능하다.

(4) 가상 갤러리 꾸미기

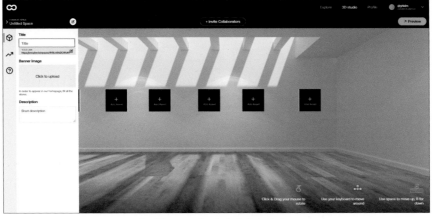

[그림 7-1-21] 가상 갤러리 제목

4장 NFT 마켓플레이스
(NFT Marketplace)

5장 NFT 발행/판매 등록/작품구매
(Minting/Listing/Buy)

6장 NFT 프로젝트 사례

7장 온사이버(onCyber)와
디센트럴랜드(Decentraland)

갤러리 생성 후 첫 화면에서 우측에는 방금 생성한 갤러리에 대한 것을 변경할 수 있다. 먼저 [Title] 메뉴에서 지금 만들고 있는 자신의 갤러리의 이름을 적는다.

[그림 7-1-22] 가상 갤러리 링크

지금 만들고 있는 갤러리의 Title 아래에는 위의 그림과 같이 [YOUR LINK]라는 중요한 메뉴가 있다. 이 메뉴를 클릭하면 지금 만들고 있는 자신의 갤러리의 링크를 만들고 복사하여 다른 사람을 초대할 수 있다.

[그림 7-1-23] 가상 갤러리 링크 생성 및 복사

[YOUR LINK]를 클릭하면 아래와 같은 팝업창이 오픈된다. ①에서 https://oncyber.io/ 뒤에 자신이 원하는 영문을 넣으면 이 주소가 현재 갤러리에 링크된다. ②를 클릭하면 자신의 갤러리를 스크린 캡처할 수 있다. ③을 클릭하여 ①에서 만든 링크를 복사하여 사용하면 된다.

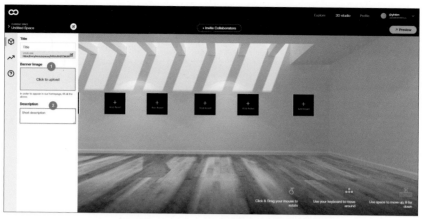

[그림 7-1-24] 가상갤러리 배너 및 묘사

다음으로 위의 그림에서 ① [Banner Image]에 지금 만들고 있는 갤러리의 배너 이미지를 넣는다. ①을 클릭하여 나오는 팝업창에서 원하는 이미지를 찾아서 클릭하면 된다. ② [Description]에는 현재의 갤러리에 대한 상세 설명을 넣는다. 자신의 NFT를 충분히 많이 가지고 있다면 주제별로 갤러리를 만들고 그에 맞는 상세 설명을 여기에 입력하면 된다. 여기에는 한글이나 영문 모두 입력이 가능하다.

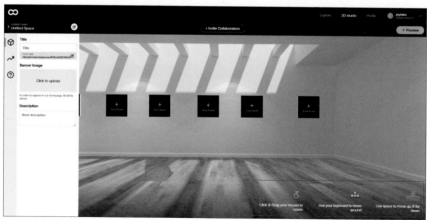

[그림 7-1-25] 가상 갤러리 제작 시 키보드 작동법

현재 만들고 있는 갤러리에 대한 이름과 이미지, 상세 설명을 입력하였으면 본격

4장. NFT 마켓플레이스 (NFT Marketplace)

5장. NFT 발행/판매 등록/작품구매 (Minting/Listing/Buy)

6장. NFT 프로젝트 사례

7장. 온사이버(onCyber)와 디센트럴랜드(Decentraland)

적으로 NFT를 배치하기 전에 우측 하단을 확인하여 마우스와 방향키, 그리고 영문
자 [B]를 이용하여 갤러리 내부를 이동하면서 확인한다.

[그림 7-1-26] Add Asset

갤러리 내부의 원하는 장소로 이동하였다면 아래와 같이 [Add Asset]이라고 표시
된 부분 중 하나를 선택한다.

[그림 7-1-27] 내 소유 NFT 선택하기

Add Asset 중 하나를 선택하면 좌측에 내가 ① 보유하고 있는(owned) 혹은 그 다음
그림과 같이 내가 민팅한(Minted) NFT를 선택할 수 있다. 이때 ②와 같이 ETH(OS API)

와 같은 것들을 선택할 수 있는데 오픈씨에서 내가 보유한 이더리움 기반의 NFT라는 뜻이다. Poly(OS API)는 오픈씨 폴리곤 기반의 NFT이며, 라리블(RARIBLE), 오토그라프(AUTOGRAPH)라는 플랫폼 혹은 클레이튼(Klaytn) 기반의 NFT를 선택하여 NFT를 배치할 수 있다. 단, 로그인한 디지털 지갑 주소와 연결된 NFT만 배치가 가능하다.

위의 그림과 같이 [Add Asset]을 클릭하여 원하는 NFT를 선택한다.

[그림 7-1-28] 가상 갤러리 꾸미기

위의 그림과 같이 ①을 선택하고 움직이면서 크기와 위치를 조절할 수가 있고 세세한 설정은 좌측 메뉴를 통하여 설정할 수 있다. ②를 조정하여 크기를 조정할 수 있고 ③에서 NFT의 프레임을 설정할 수도 있다. ④에서는 각각의 NFT에 대한 큐레이터의 메모를 적어 해당 NFT에 대한 설명을 적어 놓을 수 있으며 ⑤를 클릭하여 배치한 NFT를 삭제할 수도 있다. 여기서 삭제한 NFT는 자신의 오픈씨나 라리블 플랫폼 등에서는 사라지지 않으므로 자유롭게 추가, 삭제하면 된다.

[그림 7-1-29] 가상 갤러리 추가 및 삭제

갤러리를 여러 개 만들거나 만든 갤러리 자체를 삭제할 때는 좌측 상단의 메뉴를 이용한다.

아래의 그림과 같이 ①을 클릭하여 꺽쇠 모양이 아래 방향으로 가도록 하면 아래에 내가 만든 갤러리들이 나타나게 된다. ②와 같이 어느 한 갤러리를 선택하여 그 갤러리를 수정하거나 살펴볼 수도 있고 ③과 같이 휴지통 모양을 클릭하여 만들어 놓은 갤러리를 완전히 삭제할 수도 있다. 이때 삭제된 갤러리는 복구되지 않으므로 주의하도록 한다. 새로운 갤러리를 추가할 때는 ④ [Create New Space]를 클릭하여 처음과 같이 순서대로 원하는 갤러리를 새롭게 만든다.

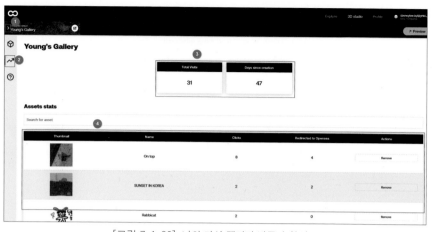

[그림 7-1-30] 나의 가상 갤러리 방문자 확인

①의 꺾쇠를 아래 그림과 같이 우측 방향으로 가도록 클릭한 후 ②를 클릭하면 자신의 모든 갤러리에 적용된 NFT를 한 번에 모두 볼 수 있다. ③에서 해당 갤러리의 방문자 수와 갤러리를 만든 기간을 확인할 수 있다. ④에서 각각의 NFT에 대하여 타이틀과 클릭 수, 오픈씨로 이동하여 NFT를 확인한 방문객 수를 확인할 수 있고 각각의 NFT를 바로 삭제할 수도 있다.

(5) 내 가상 갤러리 구경하기

[그림 7-1-31] 나의 가상 갤러리 구경하기

자신의 갤러리를 만드는 중에 언제라도 우측 상단에 [Preview]클릭하여 직접 갤러리 안으로 들어가서 미리보기를 할 수 있다. 좌측 메뉴에서 YOUR LINK를 만들어 놓았다면 갤러리에 아직 만들고 있는 갤러리라 하더라도 언제라도 다른 사람을 초대할 수 있다.

[그림 7-1-32] 나의 가상 갤러리 입장하기

미리보기(Preview) 화면은 위와 같다. ① [Singleplayer] / [Multiplayer]에서 혼자서만 둘러볼 것인지 아니면 혹시 다른 사람이 들어왔을 때 함께 둘러볼 것인지를 선택하여 결정할 수 있다. ② [Enter World]를 선택하여 자신의 가상 갤러리로 들어가서 구경할 수 있다. 단, 옆에 있는 [Launch in VR]은 XR 기기로 로그인했을 때 적용 가능하다고 안내하고 있으나 PC와 XR 기기를 연결하여 사용해야 하므로 아직 추천할 만한 XR 기기는 찾아보기 힘들다. 향후에 XR 기기가 좀 더 발달하고 온사이버도 업데이트가 되면 실제로 가상 갤러리에 들어가서 체험해 볼 수 있게 될 것이다.

(6) 가상 갤러리 구경하기

[그림 7-1-33] 다른 사람 가상 갤러리 둘러보기

다른 사람들의 갤러리를 구경하고 싶다면 ①을 언제라도 클릭하면 된다.

우측 상단의 Explore나 좌측 상단의 로고를 클릭하면 홈으로 이동하여 다른 사람의 갤러리를 찾을 수 있다.

홈 화면은 아래의 그림과 같다. 아래의 그림은 화이트 모드의 홈 화면인데 수시로 업데이트가 되어 독자가 볼 때는 약간 다를 수도 있다.

4장 NFT 마켓플레이스
(NFT Marketplace)

5장 NFT 발행/판매 등록/작품구매
(Minting/Listing/Buy)

6장 NFT 프로젝트 사례

7장 온사이버(onCyber)와
디센트럴랜드(Decentraland)

[그림 7-1-34] 홈 화면

4장 NFT 마켓플레이스
(NFT Marketplace)

5장 NFT 발행/판매 등록/작품구매
(Minting/Listing/Buy)

6장 NFT 프로젝트 사례

7장 온사이버(onCyber)와
디센트럴랜드(Decentraland)

① [EXPLORE SPACE]를 클릭하면 검색 화면으로 넘어가게 된다. ② [SET UP YOUR LOFT]는 다섯 번째로 최신 업데이트된 무료 갤러리로서 소개를 위해 홈 화면에 최근 배치되어 있는데, 클릭하면 아직은 3D Studio로만 이동하게 되어 있다. ③은 여러 유명 갤러리들을 세 분류로 나누어 소개하고 있다. 빠르게 다른 사람들의 갤러리를 구경할 때는 여기서 골라서 입장하면 된다. ④ [EXPLORE MORE]를 클릭하면 ①을 클릭했을 때와 동일하게 갤러리 검색 화면으로 넘어가게 되어 있는데 추후 수정될 것으로 예상된다. ⑤ [CREATE AN EXPERIENCE FOR FREE]를 클릭하면 3D Studio로 이동할 수 있다.

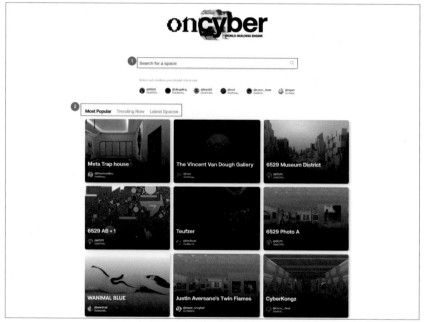

[그림 7-1-35] 갤러리 검색

검색 화면은 위의 그림과 같다. ①에서 직접 원하는 갤러리의 이름을 검색하여 갤러리를 찾거나 ②의 세 가지로 분류되어 있는 인기 있는 갤러리를 찾아서 입장한다.

[그림 7-1-36] 다른 사람 갤러리 방문

　예를 들어 Meta Trap House라는 갤러리에 입장하게 되면 아래의 그림과 같은 화면으로 입장하게 된다. ①의 로고를 클릭하면 홈 화면으로 넘어가게 된다. ② [Singleplayer]/[Multi-player]를 클릭하면 혼자 조용히 감상할 것인지 다른 사람과 함께 감상할 것인지를 결정할 수 있다. 알파 버전이라 변경될 수 있다. ③ [Launch in VR]은 이미 내 갤러리 구경하기에서 설명했던 대로 아직 연결할 만한 VR 혹은 XR 기기가 마땅치 않다. ④ [Enter World]를 클릭하면 가상 갤러리에 입장할 수 있다. 하단 부분의 ⑤를 확인하여 가상 갤러리를 입장하여 사용할 마우스, 키보드판(WASD) 방향키, 스페이스바 사용법 등을 확인할 수 있다.

[그림 7-1-37] 다른 사람 갤러리 입장

갤러리에 입장하여 구경 하다 보면 아래의 그림에 우측 하단 ①과 같은 팝업창이 생성될 수 있다. ②의 설명과 같이 영문자 [E]를 키보드에서 누르면 해당 NFT의 상세 화면이 팝업창으로 생성된다.

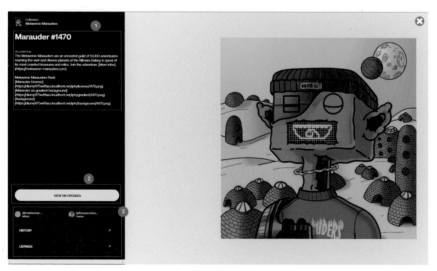

[그림 7-1-38] NFT 상세 정보

생성된 팝업창은 위의 그림과 같은 형식으로 되어 있다. 좌측 ①에는 해당 NFT의 이름과 Description(설명)이 있고, ②를 클릭하여 오픈씨로 바로 이동하여 구매할 수도 있다. ③에는 간단히 민팅한 사람과 보유한 사람에 대한 정보와 역사 같은 것이 적혀 있다.

[그림 7-1-39] 오픈씨에서 NFT 확인

[그림 7-1-38]의 그림에서 ②를 클릭하여 오픈씨로 바로 이동한 화면이 [그림 7-1-39]이다. 해당 NFT는 보는 바와 같이 AUCTION으로 되어 있어 [Make offer]를 통해 원하는 가격을 제시하여 구매할 수 있다.

이상으로 온사이버에 관한 모든 것을 알아보았다. 온사이버에서는 NFT를 이용하여 자신만의 가상 갤러리를 무료로 이용할 수 있으니 유용하게 사용할 수 있다.

02 디센트럴랜드(Decentraland): 가상 부동산 플랫폼

디센트럴랜드는 이더리움 블록체인 기반의 가상 부동산 플랫폼이자 NFT 플랫폼이다. 모든 가상자산을 NFT로 거래가 가능하다는 점에서 일반적인 메타버스 플랫폼과 차별성이 있다. 현재 세계 4대 부동산 플랫폼에는 디센트럴랜드(Decentraland), 더샌드박스(The Sandbox), 솜니움스페이스(Somnium Space), 크립토복셀(Cryptovoxels)이 있다. 그중에서도 디센트럴랜드는 안정된 플랫폼으로 최근 윈도우판 다운로드 베타 버전이 출시되었으나 웹 기반으로도 충분히 즐길 수 있어 여기에서 소개하고자 한다. 끊김이나 오류 없이 안정적으로 사용하기 위해서는 윈도우에 베타 버전 게임을 설치하여 즐기는 것을 추천한다.

2) | 디센트럴랜드 시작하기

(1) 디센트럴랜드 검색 및 가입 방법

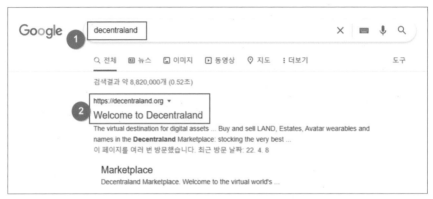

[그림 7-2-1] 검색하기

디센트럴랜드의 한국 사용자가 많지 않아서 한글로 검색하면 검색이 잘되지 않는다. 구글에서 영문으로 검색한다. ① Decentraland를 검색하여 ②를 클릭한다.

[그림 7-2-2] 시작하기

위의 그림은 최초 화면이다. ① 혹은 ② 어느 것을 클릭해도 아래의 다음 화면으로 넘어간다.

[그림 7-2-3] 게임 설치 혹은 WEB 버전 선택

① [DOWNLOAD FOR WINDOWS]를 클릭하면 베타 버전이 사용자의 컴퓨터에 설치된다. 게임 설치 후 실행 화면이 WEB 이용과 같으므로 ② [Explore on web]을 클릭한다.

[그림 7-2-4] 디센트럴랜드 열기

위의 화면이 팝업되면 ①을 먼저 체크하고 ②를 클릭하면 다음부터 팝업되지 않는다.

4장 NFT 마켓플레이스
(NFT Marketplace)

5장 NFT 발행/판매 등록/작품구매
(Minting/Listing/Buy)

6장 NFT 프로젝트 사례

7장 온사이버(onCyber)와
디센트럴랜드(Decentraland)

[그림 7-2-5] 메타마스크 비밀번호 입력

위의 그림과 같이 web 화면으로 이동하면 먼저 메타마스크 팝업창이 생성된다. 디센트럴랜드에서 가장 많이 사용되는 전자지갑이라 최초 web 화면 이동 시 메타마스크 로그인 화면부터 생성된다. ①에 비밀번호를 넣고 ②를 클릭한다.

[그림 7-2-6] 메타마스크로 연결

MetaMask로 연결 팝업창이 생성되면 [다음]을 클릭한다.

[그림 7-2-7] 자신의 지갑 연결

Account에 연결 팝업창이 생성되면 [연결]을 클릭한다.

4장 NFT 마켓플레이스
(NFT Marketplace)

5장 NFT 발행/판매 등록/작품구매
(Minting/Listing/Buy)

6장 NFT 프로젝트 사례

7장 온사이버(onCyber)와
디센트럴랜드(Decentraland)

[그림 7-2-8] 지갑으로 플레이하기

위의 화면에서 ①의 사각형 안으로 마우스를 이동시키면 ②가 활성화되면 ②를 클릭하여 자신의 전자지갑을 연결한다. [Play as guset]로 로그인을 하게 되면 다음 번 로그인 시에 다시 처음부터 시작해야 하므로 되도록 [Play using your wallet]으로 로그인하는 것이 좋다.

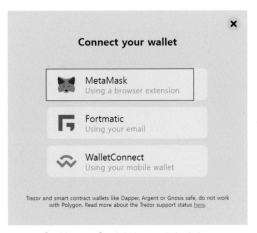

[그림 7-2-9] 메타마스크 지갑 연결

위의 그림처럼 Connect your wallet 팝업창이 열리면 [MetaMask]를 클릭한다.

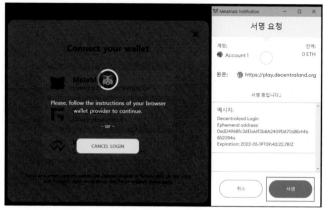

[그림 7-2-10] 서명하기

메타마스크에 이미 로그인되어 있는 상태라면 아래와 같이 서명 요청 팝업창이 생성된다. 메타마스크에 로그인이 되어 있지 않은 상태에서 예전에 1회 디센트럴랜드에 전자지갑을 연결한 적이 있는 상태라면, [Connect your wallet]을 클릭하면 메타마스크 로그인 팝업창이 먼저 열린 후에 위의 서명 요청이 생성된다. [서명]을 클릭한다.

[그림 7-2-11] 아바타 설정 메뉴

최초 로그인 시 화면은 위와 같다. 그래픽카드의 사양이 떨어질 때 팝업창이 생성된다. [MORE INFO]를 클릭하여 설정을 변경하고, ①을 체크하고 ②를 클릭하면 다시는 이 팝업창이 생성되지 않는다. 그리고 아바타의 [BODY]부터 [ACCESSORIES]까지 설정한 후 ③을 클릭하면 초기 설정이 완료된다. 게임을 실행하다가도 아바타 설정 화면으로 넘어갈 수 있으니 자세한 설명은 아바타 꾸미기 단원에서 설명하기로 한다.

[그림 7-2-12] 아바타 이름 및 이메일 입력

팝업창이 생성되면 ②에 원하는 아바타의 이름을 기재한다. 이름은 필수이다. ③에 이메일을 기재하면 디센트럴랜드의 소식을 메일로 구독할 수 있는데 필수 항목은 아니다. ①을 클릭하면 조금 전 아바타 꾸미기 화면으로 되돌아간다.

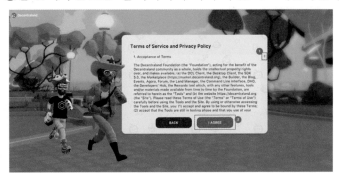

[그림 7-2-13] 이용 약관과 개인 정보 보호 정책 동의

이용 약관과 개인 정보 보호 정책 동의 팝업이 생성되면 ①을 마우스로 아래쪽으로 끝까지 내려서 ② [I AGREE]를 활성화한 후 클릭한다. ①을 아래쪽으로 내려서 모든 내용을 읽지 않으면 ②가 활성화되지 않아 다음으로 넘어갈 수가 없다.

[그림 7-2-14] 게임 입장

게임 로그인이 되면 위의 화면과 같은 장소에 아바타가 생성되어 게임을 시작할 수 있다.

(2) 아바타 꾸미기

[그림 7-2-15] 아바타 꾸미기

최초로 로그인을 할 때 아바타 설정 화면부터 나타난다. 게임을 하는 중에도 우측 상단의 아바타 모양을 클릭하거나 영문자 [I]를 키보드에서 입력하면 언제든지 아래와 같이 아바타 설정 화면으로 넘어갈 수 있다.

① [BACKPACK]이 아바타 설정 화면이다. 괄호 안이 단축키이다. ①의 옆에 있는

4장 NFT 마켓플레이스 (NFT Marketplace)

5장 NFT 발행/판매 등록/작품구매 (Minting/Listing/Buy)

6장 NFT 프로젝트 사례

7장 온사이버(onCyber)와 디센트럴랜드(Decentraland)

설정들을 여러 가지 단축키를 이용하여 게임 중에 바로 이동할 수 있다.

② [Avatar]를 클릭하고 ③에서 원하는 설정을 고른다. [BODY](몸), [HEAD](머리), [TOP](상의), [BOTTOM](하의), [SHOSES](신발), [ACCESSORIES](액세서리), [SKINS](피부), [COLLECTIBLES](컬렉터블)을 클릭하여 원하는 모습으로 꾸미면 된다. 이때 [SKINS]는 다양한 모습을 한 아바타를 말하는데 Marketplace(마켓플레이스)로 이동하여 구매할 수 있다. [COLLECTIBLES]에는 구매한 NFT들이 나타나게 된다.

④와 ⑤와 같이 원하는 것을 선택한 후 ⑦을 선택하면 나의 아바타 꾸미기가 완성된다.

⑥ [RANDOMIZE]은 랜덤으로 아바타를 고르는 것이다. 자신만의 아바타를 꾸미기 귀찮다면 여기를 클릭하여 원하는 아바타가 나왔을 때 ⑦ [DONE]을 클릭하여 완성하면 된다.

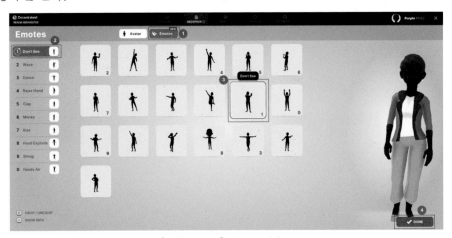

[그림 7-2-16] 이모트 선택

이모트(과장된 동작)를 설정하려면 아래와 같이 ① [EMOTES]을 클릭한다.

②에서 1부터 0까지의 키보드 숫자에 어떤 동작을 넣을 것인지 먼저 클릭한다. 숫자 1에 아래와 같이 [Don't See]라는 동작을 넣고 싶으면 차례대로 ②와 ③을 클릭하면 된다.

게임을 하다가 언제든지 키보드 영문 [B]와 숫자키 중 하나를 동시에 누르면 아바타가 여기서 설정한 동작을 한다.

설정이 끝나면 ④ [DONE]를 클릭한다.

(3) 인기장소 방문하기

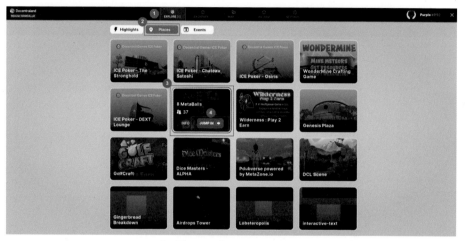

[그림 7-2-17] 플레이스 검색

게임을 하다가 우측 상단의 자기 아바타 얼굴을 클릭하거나 키보드의 영문자 [X]를 누르면 아래와 같이 EXPLORE(탐색) 화면 팝업창이 생성된다.

[Highlights], [Places], [Events] 세 가지 분류의 장소 중에서 원하는 장소를 클릭한다. ② [Places]는 거의 고정적인 장소라서 이 중에서 ③ [8 MetaBalls]를 선택하였다. 마우스를 가까이 가져가면 ④ JUMP IN이 활성화되어 ④를 클릭하여 해당 장소로 이동할 수 있다.

게임에 들어갔을 때 헤매지 않기 위해서 입장 후에는 처음에 나오는 튜토리얼을 진행하면 좋다. 영문으로 튜토리얼이 진행하는데 하나하나 기억하기 어려우면 언제든지 키보드에서 영문자 [C]를 눌러서 Mouse and Key Controls를 팝업창으로 띄워서 아래와 같이 마우스와 키보드 사용법을 볼 수 있다.

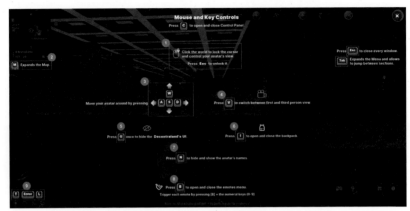

[그림 7-2-18] 키보드 사용법

게임을 즐겁게 하기 위해서 위의 그림을 통해서 사용법을 확실하게 익힐 필요가 있다. 모든 팝업창은 키보드의 [ESC] 버튼이나 팝업창 우측 상단의 X를 클릭하여 없 앨 수 있다.

①은 마우스의 사용법을 말한다. 게임을 할 때는 마우스 왼쪽 버튼을 1번 클릭하여 마우스를 고정하고 마우스를 통하여 시점(보는 방향)을 움직일 수 있다. 다른 사이트로 이동하거나 컴퓨터 내에서 마우스를 움직이려면 키보드의 [ESC] 버튼을 누른 후 마우스를 움직일 수 있다.

②는 맵 확장 버튼을 말하는데 키보드의 영문자 [M]을 누르면 대형 맵 팝업이 생성된다.

③은 아바타를 움직이는 방향키이다. 키보드의 방향키와 움직임이 동일하여 필자는 보통 키보드의 화살표를 많이 이용하는 편이다.

④는 아바타의 시점을 말한다. 1인칭 시점이나 3인칭 시점 중 원하는 대로 선택한다. 키보드에서 영문자 [V]를 누르면 시점이 바뀐다.

⑤는 우측 상단의 축소 맵이나 좌측 하단의 마이크, 채팅 등을 나타내는 모든 UI

를 없애는 것을 설명한다. 키보드에서 영문자 [U]를 누르면 UI 가 사라진다.

⑥은 키보드 영문자 [I]를 눌러 backpack 팝업창을 생성하는 것을 의미한다. backpack은 아바타 꾸미기에서 설명했던 대로 아바타의 모습을 꾸미는 창이다.

⑦은 키보드 영문자 [N]을 누르면 아바타의 이름을 사라지게 하는 것을 설명하는 것이다.

⑧ 이모트에 관한 설명이다. 키보드 영문자 [B]를 누르면 창이 나타나서 잊어버렸던 이모트 동작을 찾을 수 있다. 키보드 영문자 [B]와 0~9까지의 숫자키를 함께 누르면 해당 이모트 동작을 한다.

⑨는 게임 시 좌측 하단의 4가지 아이콘에 대한 단축키 설명이다. 좌측 하단의 마이크 모양을 클릭하거나 키보드 영문자 [T]를 누르고 말을 하면 다른 사람과 음성 채팅이 가능하다. 다음으로 물풍선 모양의 아이콘을 클릭하거나 키보드에서 [Enter]키를 누르면 채팅을 할 수 있다. 세 번째 아이콘인 두 사람이 겹쳐 있는 아이콘을 클릭하거나 키보드에서 영문자 [L]을 누르면 친구 추가를 할 수 있다. 마지막으로 비둘기 모양 아이콘은 이모트 창을 팝업하는 창이다.

마지막으로 여기 팝업에는 보이지 않지만 키보드의 스페이스바를 누르면 아바타가 점프한다.

4장 NFT 마켓플레이스
(NFT Marketplace)

5장 NFT 발행/판매 등록/작품구매
(Minting/Listing/Buy)

6장 NFT 프로젝트 사례

7장 온사이버(onCyber)와
디센트럴랜드(Decentraland)

(4) NFT 구매하기

[그림 7-2-19] 홈페이지

디센트럴랜드는 부동산 플랫폼 게임인 동시에 NFT 게임이다. NFT 게임이란 게임 내의 자산을 NFT로 사고 판매할 수 있다는 것을 의미한다. 디센트럴랜드의 땅(LAND 라고 부른다)과 모든 자산인 COLLECTIBLES는 NFT로 이루어져 있다. 이러한 NFT를 구매하기 위해서는 오픈씨에서 검색해도 되지만, 가짜 NFT도 많이 존재한다.

안전하게 디센트럴랜드의 NFT를 구매하기 위해서는 위의 그림과 같이 [MARKET PLACE](마켓 플레이스)로 들어가서 원하는 NFT를 살펴보도록 한다.

[그림 7-2-20] NFT 검색

MARKETPLACE의 첫 화면이다. ①을 클릭하여 COLLECTIBLES 항목 전체를 볼 수도 있고, ②를 클릭하여 원하는 NFT 분류로 바로 이동도 가능하다. 전체적인 설명을 하기 위해서 ① [START BROWSING]을 클릭하여 다음으로 넘어간다.

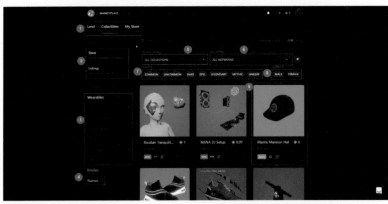

[그림 7-2-21] NFT 상세 검색

위의 그림의 [START BROWSING]을 누르면 이와 같이 COLLECTIBLES의 STORE 화면이 가장 먼저 나타난다.

①에서 [LAND]를 클릭하여 LAND NFT 구매하는 화면으로 이동할 수도 있고 MY Store에서 자신의 NFT를 모아서 볼 수도 있다.

②에서 [Store]는 NFT로 만들어져 아직 거래가 되지 않은 품목들이 있고 [Listings]에는 한 번 이상 거래되고 다시 매물로 나온 것들이 있다.

③ [Wearable](웨어러블: 몸에 걸치는 모든 것들)에는 Head(머리), Upper Body(상의), Lower Body(하의), Feet(신발), Accessories(악세서리), Skins(피부) 등의 세부 분류가 있다.

Wearable 아래에 [Emotes]가 있으나 아직 NFT로 만들어진 것은 없어 현재까지 비어 있다.

④ [Names]는 아바타의 이름을 NFT로 거래하는 것을 의미한다. BTS와 같이 특이하거나 유명한 이름들은 사고 판매할 수 있다.

⑤에서는 상점의 이름을 검색할 수 있다.

⑥에서는 폴리곤과 이더리움을 검색할 수 있어서 해당 블록체인으로 만들어진 NFT만 골라서 검색할 수 있다.

⑦에서는 NFT의 희귀 정도를 고를 수 있는데 [COMMON](평범)부터 [UNIQUE](유니크) 등급까지 다양한 등급의 NFT를 고를 수 있다.

⑧에서는 [MALE](남자)/[FEMALE](여자)를 선택하여 자신에 아바타에 맞는 성별을 골라서 검색할 수 있다.

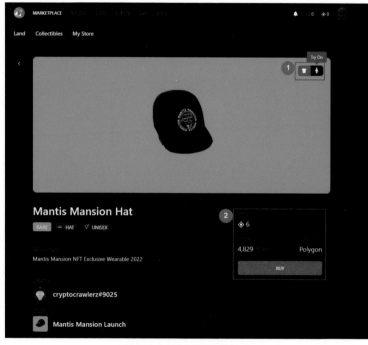

[그림 7-2-22] NFT 구매하기

위의 그림에서 임의로 ⑨를 선택해 보면 이와 같은 화면이 나타난다.

①의 왼쪽을 아래와 같이 선택하면 해당 NFT 자체의 모습을 보여 준다. 바로 옆에 [Try on] 버튼을 클릭하면 자신의 아바타가 해당 NFT를 착용했을 때의 모습을 볼 수 있다.

②에서 가상화폐 종류와 가격, 남아 있는 수량, 그리고 블록체인 종류를 확인하고 BUY를 클릭하여 자신의 지갑에 있는 가상화폐로 해당 NFT를 구매할 수 있다.

디센트럴랜드의 활용도는 무궁무진하다. LAND 소유하지 않으면 SCENE을 만들어도 활용할 방법이 없어 이 책에서는 BUILDER를 활용하여 SCENE를 만들어 보는

4장 NFT 마켓플레이스
(NFT Marketplace)

5장 NFT 발행/판매 등록/작품구매
(Minting/Listing/Buy)

6장 NFT 프로젝트 사례

7장 온사이버(onCyber)와
디센트럴랜드(Decentraland)

것은 설명을 제외하였다. 그러나 자금의 여유가 있다면 직접 랜드를 구매하여 원하는 SCENE를 만들어 임대업을 할 수도 있다. 현재 외국에는 디센트럴랜드의 비싼 LAND에 대한 펀드를 모집하기도 하고, 대출을 일으키기도 한다. 삼성은 갤럭시 S22 신제품 발표와 판매 사이트로 연결되는 가상 매장을 디센트럴랜드에 만들었다. TOMINOYA라는 회사는 디센트럴랜드 내 카지노를 만들어서 실제 사람을 고용하여 딜러 역할을 맡기기도 했다. 이와 같은 기회의 땅을 이용하여 많은 사업과 연계시켜 메타버스 세상의 주인공이 될 수 있다.

[부록]

메타 NFT 노믹스 시대 돈 벌어 보기

메타 NFT 노믹스 시대 돈 벌어 보기

글로벌 컨설팅 기업 프라이스워터하우스쿠퍼스(PwC)는 지난해 957억 달러(약 110조 원)이던 메타버스 시장 규모가 2030년 1조 5,429억 달러(한화 약 1770조 원)까지 성장할 것으로 전망했으며, 대신증권은 메타버스 시장이 전 세계 GDP의 1.8%에 이를 것으로 전망했다.

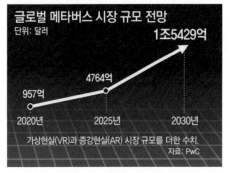

[그림 8-1-1] PwC 자료

메타버스 세계 속에서 경제란 다양한 플랫폼을 이용한 활동 속에서 살펴볼 수 있다. 국내 메타버스 플랫폼 중에서 수익과 연결되면서 경제활동을 가능케 하는 플랫폼으로는 이프랜드, 제페토, 제페토 빌드 잇, 게더타운, 젭, 로블록스 등이 있다.

또한 VR, AR 관련 기기 산업, 3D, AI, 블록체인, XR(확장현실), 메타휴먼(가상인간), 로봇산업, 가상화폐 등 최근 들어 이와 관련한 기술은 엄청난 발전을 거듭하고 있다.

이들은 자체 플랫폼만으로도 경제활동이 가능하다. 오프라인의 침체 속에서 온라인은 상승곡선을 그리면서 교육을 비롯해 각종 행사, 공연, 입시설명회, 입학식, 졸업식, 기업회의, 엔터테인먼트, 공연 등을 비롯해 나아가 정치, 의료, 군사, 행정 등 다양한 분야로의 진출로 인해 곤두박질 쳤던 경제를 다시 끌어올리는데 견인차 역할을 톡톡히 해내고 있다.

소셜미디어 플랫폼으로 유명한 페이스북은 메타버스 전략 강화에 나서며 17년간 써왔던 회사명을 '메타'로 바꾸면서까지 소셜미디어 업체에서 '메타버스 기업'으로 전환하여 세계적인 이목을 끌었다. 페이스북 조차 사명을 메타로 바꾸면서 메타버스에 도전장을 내민 이유는 바로 메타버스가 돈이 되기 때문이다.

특히 메타버스 생태계에서 크리에이터의 활약을 눈여겨 볼 필요가 있다. 크리에이터들은 수익창출을 위해 콘텐츠 전쟁을 현실로 받아들여야 한다. 기존 빅 테크 기업들도 크리에이터 이코노미에 합류하는 현상이 벌어지고 있다.

메타버스로 유명한 '로블록스'는 개발자가 직접 게임을 만들어서 판매하는 플랫폼으로 현재 여기서 활동하는 크리에이터들은 '로벅스(Robux)'라는 가상의 디지털 화폐를 이용해 게임을 즐기고 있다. 뿐만 아니라 마인크래프트, 포트나이트 등 다른 메타버스에서도 자체 디지털 화폐를 만들어 사용하고 있다.

이즈음에서 우리는 메타버스와 관련해서 경제성을 따진다면 단연 'NFT(Non-Fungible Token)'를 빼놓고 말할 수 없을 것이다.

크리에이터 이코노미에도 블록체인 기반의 결제기술인 'NFT'가 도입됐다. 가상현실에 블록체인 기술이 적용돼 가상자산인 NFT와 만나 자산화, 수익화가 가능해졌으며 현실세계의 경제와 연결되고 있다.

블록체인 기술뿐만 아니라 IT, AI 관련 기술도 하루가 다르게 발전하고 있고 이와 관련된 산업 역시 발전을 거듭하며 다양한 콘텐츠를 생산해 내고 있다. 이를 바탕으로 기업들도 속속 이 대열에 합류하며 도전장을 내밀고 있다.

NFT는 대체 불가능한 토큰으로 이를 통해 다양한 분야의 크리에이터들의 창작물에 블록체인 기술을 이용해 고유한 일련번호를 넣어 복제나 대체가 불가능한 디지털 자산으로 만들어 부가가치를 올리고 있다.

국내뿐만 아니라 전 세계적으로도 미술업계를 시작으로 게임업계, 엔터테인먼트 업계가 캐릭터와 아티스트 등을 활용한 NFT 발행에 앞 다퉈 진출하면서 메타NFT노믹스에 뛰어들었다.

한편 상당한 비용을 지불하고 오프라인의 갤러리를 임대해 개인전을 펼쳤던 아티스트들이 NFT를 통해 무명의 아티스트들까지 자신들의 작품을 당당히 NFT 화 하고 있다. 이로써 대중들의 관심과 사랑을 받으며 수익창출로까지 이어지고 있다.

또한 전문예술인들이 아닌 일반인들도 NFT작품을 오픈시등 NFT 마켓에 올려서 판매하고 수익을 올리고 있다.

국내사례로는 '국내 최초' 청소년 NFT

아티스트인 박하름(전북 군산 동산중 2) 군을 들수 있다. 그는 '아트띠프(Arthief)'라는 이름으로 활동한다. 아트띠프(Arthief)는 예술(art)과 도둑(thief)을 합친 말로, '미술로 사람의 마음을 훔친다'는 뜻을 담고 있다고 한다.

하름 군은 세계적인 NFT 마켓 플랫폼 '오픈시'와 '파운데이션'을 무대로 활동하며 주목받고 있다.

[그림 8-1-2] NFT 아티스트 박하름군

하름 군의 장래희망은 늘 '화가' 또는 '만화가'였다. 그림 그리기를 좋아하던 하름 군이 NFT 아트에 관심을 갖게 된 건 아버지 영향이 컸다.

NFT와 블록체인 기술에 관심이 많던 아버지는 아들의 미적 재능을 알아보고 NFT마켓에 그림을 올려보자고 제안했다.

현재 미성년자는 NFT 거래에 쓰이는 암호화폐를 사용할 수 없어 부모 도움 없이는 작품을 사고 팔 수 없다. 하름 군도 창작 활동을 제외한 일련의 거래 과정에 아버지의 손을 빌리고 있다.

'오픈씨' 플랫폼에 등록된 아트띠프의 그림은 약 1200만원 어치가 판매됐다.

[그림 8-1-3] 박하름군이 오픈시에 올린 작품들

세계 곳곳에선 이미 학생 NFT 아티스트의 활약이 이어지고 있다. CNBC 등 외신은 영국 런던에 거주하는 벤야민 아메드(Benyamin Ahmed · 12) 군을 소개했다.

아메드는 저마다 다른 특징이 있는 고래 그림으로 '이상한 고래(Weird Whales)' NFT 컬렉션을 선보였다. 현재까지 35만 달러(약 4억 원) 상당의 이더리움을 벌었다.

미국의 나일라 헤이스(Nyla Hayes · 13)는 '롱 네키(Long Neckie)' 시리즈로 미국 시사 주간지 타임에 소개됐다.

헤이스는 공룡 브론토사우루스에서 영

감을 받아 각양각색의 목이 긴 여성을 그린다. 이 밖에 미국의 7세 소년 에밀리오 바레라, 인도의 10대 소녀 라야 매틱샤라 등이 있다.

이처럼 학생도 디지털 아트 작가가 될 수 있는 게 NFT의 힘이다.

또한 인도네시아의 한 20대 대학생이 5년간 찍은 셀카 수백장을 NFT미켓에 팔아 100만달러 넘게 벌었다.

인도 뉴스18닷컴에 따르면 인도네시아 대학생 술탄 구스타프 알 고잘리(22)가 NFT 거래 플랫폼 오픈씨에서 셀카 933장을 팔아 371ETH(이더리움)을 벌었다.

고잘리는 처음부터 돈 벌 생각으로 사진을 찍거나 NFT로 판매하지 않았다. 그는 자기가 변하는 모습이 담긴 타임랩스 형식의 콘텐츠를 제작하기 위해 2017년부터 거의 매일 사진을 찍었다. 그러던 중 컴퓨터 공학을 전공하던 그는 우연히 블록체인 기술을 알게 됐고 "재밌겠다"는 생각에 사진들을 NFT로 제작해 판매하기 시작했다.

이후 사진 수백장에 담긴 고잘리의 무표정이 소셜미디어에서 화제가 되며 컬트적인 인기를 끌었고, NFT 가격도 덩달아 오르기 시작했다. 오픈씨에 들어가보면 고잘리의 사진을 가진 사람은 520명이나 된다.

[그림 8-1-4] 인도네시아 대학생이 오픈시에 올린 작품들

국내에서는 엔터테인먼트와 게임업계 등에서 지식재산권(IP)을 보유한 콘텐츠를 활용해 NFT를 발행해 메타NFT노믹스에 적극적으로 뛰어들고 있다.

SM과 JYP, 하이브 등 주요 엔터테인먼트 기업들은 아티스트 IP를 활용해 아티스트들의 이미지와 동영상, 음원 등의 콘텐츠를 NFT로 발행해 판매한다. 또한 공연 등에 대한 NFT 굿즈를 발행하거나 아티스트들의 다양한 콘텐츠를 NFT로 발행해 판매하고 있다.

뿐만 아니라 가상부동산 역시 투자와 경제의 개념으로 접근이 이뤄지고 있으며 글로벌 리서치기관 스태티스타는 세계 NFT 시장 규모를 지난해 118억 달러(약 14

조원)에서 2025년에는 800억 달러(96조)까지 늘어날 것으로 예측했다.

국내에서 메타NFT노믹스는 아직 초기 단계이며 특히 NFT 또한 도입 단계이지만 사회 곳곳에서 이제 아티스트 등 예술분야뿐만 아니라 기업, 산업분야 등에서도 NFT 도입을 서두르고 있다. 그러나 그만큼 경쟁은 더 치열해질 것이다. 그렇기 때문에 아무나 따라 할 수 없는 나만의 개성, 나만의 콘텐츠 창작이 선제적 필수조건이 됐다.

경제는 우리의 삶이고 현실이다. 현실인 경제가 이제는 현실세계뿐만 아니라 가상세계 속에서도 현실과 다름없이 형성되고 있다. 팬데믹으로 인해 많은 사람들이 온라인 가상세계 속에서의 활동을 기꺼이 받아들이고 누리기 시작하면서 사람이 모이는 곳에 다시 경제구조가 형성됐다. 팬데믹으로 현실의 경제는 무너졌어도 가상세계 속의 경제 메타노믹스가 활성화되면서 오히려 현실세계의 경제를 견인하고 있다.

이제 다양한 서비스를 통해 크리에이터들의 위상도 높아지고 전문적인 활동 영역도 확대됐다. 사용자 또한 직접 자신들이 원하는 콘텐츠를 위해 쉽게 지갑을 열 수 있는 시대가 된 만큼 나만의 콘텐츠, 양질의 콘텐츠만이 살아남을 수 있는 유일한 방법이요 과제로 남아 있다. 이는 개인이나 기업 모두에게 해당하는 현실이다.

또한 메타버스와 더불어 메타NFT노믹스 시대가 열린 만큼, 보다 많은 사람들이 메타버스 세상에서도 경제활동이 가능하도록 메타NFT노믹스 생태계가 선순환 구조를 형성하며 발전할 수 있도록 노력해야 할 것이다.

[부록]

NFT 관련 용어사전 100

NFT 관련 용어사전 100

1. 가스(Gas)

이더리움 송금이나 스마트 계약을 실행할 때 발생하는 일종의 수수료이며 이더리움 채굴자에게 보상으로 지급된다. 넓은 의미로는 모든 가상화폐 거래에서의 수수료를 말한다.

2. 가스비, 가스피(Gas fee)

가스 가격을 말한다. 가스비 = 가스 가격 * 가스 한도(Gwei,단위)로 책정된다.

3. 게임파이(Gamefi: Game Finance)

'Game' 게임 + 'Finance' 금융의 합성어이다. P2E(Play to Earn)처럼 게임을 하고 돈을 버는 시스템이며 NFT를 통한 게임 활동으로 수익을 창출하는 것이다.

4. 기브어웨이(Give Away)

무료로 무언가를 나눠주는 것을 말한다. 트위터나 디스코드에서 Give Away 이벤트로 화이트 리스트를 주는 경우가 많다.

5. 기위(Gwei)

이더리움 송금 시 사용되는 수수료인 가스의 단위이며 '기위, 그위, 그웨이'로 불린다.

6. 노드(Node)

분산된 각각의 정보 처리 구조이며 데이터의 변형이나 왜곡을 막아주는 역할을 한다. 노드의 수가 적거나 질이 낮으면 정보처리 속도가 늦어지고 외부의 공격에 취약해진다.

7. 다오(DAO: Decentralized Autonomous Organization)

'탈중화 자율 조직' 커뮤니티에서 구성원들은 자율적인 제안과 투표로 의사결정을 한다. NFT 보유수량의 비율로 투표권이 보장되는 경우가 많다. 대표자 없이 블록체인 기반 스마트 계약으로 운영되며 함께 투자하고 수익이 나면 나누기도 한다. NFT 시장에는 많은 다오 조직이 있는데 이를 미래의 기업 형태로 보는 사람들도 있다.

8. 다이아몬드 핸즈(Diamond Hands)

'다이아몬드를 쥐고 있는 손'을 상상해 보라. 구매 후 바로 팔지 않고 다이아몬드를 쥐고 있듯이 갖고 있는 사람들을 말한다. 장기 투자자로 볼 수 있다. 반대말은 '페이퍼 핸즈(Paper Hands)' 이다.

9. 더치 옥션(Dutch auction)

시간이 지나면서 낙찰가가 낮아지는 형식의 경매이다. 시작금액에서 일정 시간 후 자동으로 낮은 금액을 제시한다. 원하는 가격이 나오면 구매 버튼을 눌러 상품을 구매한다.

10. 덱스(DEX: Decentralized Finance)

'탈중앙화 거래소'로 디파이(Defi: Decentralized Finance) 즉 '탈중앙화 된 금융시스템'이 구현되는 플랫폼이다. 중앙화 거래소를 거치지 않고 중개자의 개입 없이 이용자들끼리 코인을 교환하고 예치해서 이자를 받는다.

11. 디앱, 댑(Dapp: Decentralized Application)

'탈중앙화 애플리케이션'으로 어디에도 종속되지 않는 애플리케이션이다. 블록체인을 기반으로 한 이더리움, 퀀텀 등의 플랫폼 위에서 스마트 콘트랙트로 작동하는 서비스이다. 스마트 콘트랙트가 가진 장점으로 네트워크 참여자들 간에 분산 네트워크 구조를 만들었다. 탈중앙화됐기에 중계자와 중앙 서버가 필요하지 않고, 복잡한 설정이 간소화된다. 또한 블록체인 기반이다 보니 신뢰성과 보안성도 하나의 특징이다.

12. DYOR(Do Your Own Research)

말 그대로 본인이 투자할 프로젝트에 대한 정보는 스스로 알아보라는 뜻이다. 너무 남이 주는 정보에만 의존하지 말고 조사하고 분석해서 올바른 투자를 하라는 의미이다.

13. 디코, 디스코드(Discord)

디코는 디스코드의 약자로 NFT 투자에 관심 있는 많은 사람들이 정보를 주고 받는 커뮤니티 프로그램이다.

14. 디파이(Defi: Decentralized Finance)

'탈중앙화 금융'으로 정부의 통제에서 벗어나 어디에도 종속되지 않는 금융이다. 전체 네트워크에 오고 가는 데이터를 처리하는 중앙화된 데이터 처리 장치가 따로 없으며 분산돼 있다. 기존에는 중앙에 있는 금융기관을 거쳐 화폐를 거래하며 통제 권한과 데이터가 기록됐지만, 블록체인 기술이 발달하면서 분산된 네트워크를 통해 중앙기관의 통제를 받지 않는 금융 서비스를 말한다.

15. 래플(Raffle)

추첨식으로 뽑는 것을 뜻하며 래플을 통해 화이트 리스트를 선정하고 퍼블릭 세일 이전에 살 수 있는 권한을 제공하기도 한다.

16. 러그풀(Rug pull)

'Rug' 러그(양탄자) + 'Pull' 당기다. 러그를 갑자기 당기는 장면을 생각해 보자. 위에 있던 테이블 및 물건은 다 넘어지기 마련이다. 이처럼 가상화폐, 암호화폐 생태계에서 프로젝트가 갑자기 사라지거나 개발자가 투자 자금을 갖고 달아나 버리는 것을 말한다. 투자자들은 막심한 손해를 입게 된다.

17. 런치패드(Launchpad)

코인 거래소가 주도해 진행하는 IEO의 일종으로 거래소가 특정 코인 프로젝트를 선정해서 투자자에게 판매하는 것을 말한다. 세계 최대 코인 거래소인 바이낸스가 코인 판매를 중개하고, 이후 독점을 상장하는 IEO 플랫폼 '바이낸스 런치패드'를 출시하면서 IEO 대신 '런치패드'라는 단어를 많이 사용하고 있다.

18. 레퍼럴(Referral)

추천인 코드이다. 레퍼럴 링크를 통해 가입하거나 구매하면 그 링크 주인에게 혜택이 주어진다.

19. 로드맵(Road Map)

프로젝트 운영 방향성 및 미래의 계획 등을 정리해 제시한 것으로 로드맵을 살펴보고 투자 여부를 결정짓기도 한다.

20. 로열티(Royalty)

NFT가 최초에 팔리고 재판매될 때마다 원작자가 받는 금액이다.

21. 룩(스) 레어(Looks rare)

'희귀해 보인다'라는 의미이다. NFT 시장에서 희귀성은 매우 중요한 요소이다. 1만 개 크립토펑크의 가격은 모두 다르다. 가격의 차이를 결정짓는 가장 큰 요소는 희귀도 즉 레리티(Rarity)이다. 크립토펑크 가운데 파란색 피부색인 일명 에일리언(Alien)은 1만 개 중에 9개밖에 없다. 이렇게 특별함, 희귀함은 NFT 시장에서 중요한 요소이다.

22. 리빌(Reveal)

'드러내다, 밝히다'라는 뜻으로 민팅된 랜덤 NFT 작품을 오픈하는 것이다.

23. 리스팅(Listing)

NFT 플랫폼은 판매하기 전에 등록하는 과정이 있다. 이 과정을 리스트에 올린다는 의미로 리스팅이라고 한다.

24. 리플(Ripple)

블록체인 기반의 프로토콜 겸 가상화폐로, 공식적인 가상화폐 이름은 엑스알피(XRP)이다. 리플은 이를 운용하는 회사 이름이지만, 화폐도 리플이라고 통칭해 부른다. 발행할 수 있는 코인 양이 1,000억 개로 한정돼 있으며 채굴 방식을 사용하지 않는다.

25. 메인 넷(Main Net)

독립적인 노드들을 다수 확보한 블록체인 네트워크를 말한다. 즉 기존에 존재하는 플랫폼에 종속돼 있지 않고, 독립적으로 생태계를 구성하는 것이다. 메인 넷 형성 과정은 기존의 블록체인 네트워크를 기반으로 토큰을 제작하고 ICO 등을 통해 대중에게 알린다. 그 후 테스트 넷을 시행해 성공하면 메인 넷이 릴리즈된다.

26. 메타마스크(MetaMask)

NFT를 사고 팔 수 있도록 가상화폐를 거래하는 지갑으로 이더리움 체인 기반이다. 가장 많이 사용하고 있는 지갑으로 메타마스크 하나로 여러 NFT 거래 사이트에서 활용할 수 있다.

27. 멘징

투자한 원금의 본전을 찾거나 투자 손실을 다른 곳에서 메꾸는 행위는 말한다. '비트코인으로 잃은 돈을 이더리움으로 수익 내서 멘징했다'처럼 사용한다. 요즘은 P2E에서도 많이 사용하는 단어로 게임 플레이를 통해 나오는 수익금으로 원금을 회수한다는 의미도 갖고 있다.

28. 무지성

'지성이 없다', '생각이 없다'는 뜻이며 일본 애니메이션 진격의 거인에서 유래된 말이다.

29. 민팅(Minting)

'(화폐를) 주조하다'라는 뜻의 민트(Mint)에서 유래됐다. 화폐를 만들어 내듯 디지털 자산을 NFT화시켜 발행하는 과정을 의미한다.

30. 바이(Buy), 셀(Sell)

말 그대로 사고파는 것을 말한다. 이때는 정해진 가격이 있어 판매자는 특정한 가격을 정해서 NFT 작품을 판매하고, 구매자는 정해진 가격을 지불하고 NFT 작품을 구매한다.

31. 백서(White Paper)

원래 의미는 정부가 다양한 분야에 대해 현상 분석 및 미래의 전망을 국민에게 전달하기 위한 보고서이다. 코인 생태계에서도 코인의 개발자가 위와 같은 내용을 투자자나 컬렉터에게 전달하기 위한 내용을 정리한 것이다.

32. 백커(Backer)

후원사나 투자사, 협력사를 말한다.

33. 블록체인(Block Chain)

'블록(Block)'을 잇따라 '연결(Chain)'한 모음을 말한다. 다수의 거래 내역을 하나의 블록에 묶어서 구성하고, 묶은 블록을 해시를 활용해 서로 연결한다. 이렇게 연결된 블록을 다수의 사람이 복사하고 나눠서 저장하고, 기록을 검증해 해킹을 막는 분산형 데이터 저장 기술이다. 보안이 더욱 강화되며 암호화폐를 구성하는 핵심 기술이다.

34. 블록 높이

하나의 거래가 소요되는 시간이 블록 생성 시간과 동일한 개념이다. 민팅 시 시간 개념으로 블록 높이를 활용한다.

35. 비딩(Bidding)

높은 가격을 제시한 사람이 낙찰을 받는 방식이다.

36. 비트코인(Bitcoin)

블록체인 기술을 적용한 최초의 가상화폐이다. 기존 중앙집권적 시스템에서 블록체인 기술을 통해 분산형으로 바뀌면서 누구나 열람할 수 있는 장부에 거래 내역을 투명하게 기록한다. 블록체인 네트워크에서 블록체인을 생성할 때 해시 연산에 참여하고 블록을 생성하는 보상으로 코인을 주는데 바로 이것이 비트코인이다.

37. 솔라나(Solana)

코인의 종류로 블록체인 시스템을 단일 노드 수준으로 빠르고 높은 성능으로 구동되도록 하는 것을 목표로 한 암호화폐이다. 비트코인, 이더리움은 초당 약 10건 정도의 트랜잭션을 지원하지만 솔라나는 테스트넷에서 50,000건 이상의 트랜잭션을 지원한다. 이처럼 속도가 매우 빠르다는 장점이 있다.

38. 소셜 토큰(Social Token)

조직이나 생성자의 영향력을 기반으로 만들어진 암호화폐다. 인플루언서 커뮤니티로 연예인, 아티스트, 스포츠 스타 등과 그들의 팬을 위한 독자적인 경제 생태계를 조성한다.

39. 스냅샷(Snapshot)

에어드롭을 하는 특정 시점에서 보유하고 있는 암호화폐의 잔고를 말한다. 스냅샷 일정에 암호화폐를 보유하고 있어야 에어드롭에 참여할 수 있다. 예를 들어, 스냅샷 일정이 1일이고 에어드롭 일정이 10일이라면 1일에 A코인을 보유하고 있어야 10일에 B코인을 무료로 받을 수 있다.

40. 스마트 계약, 스마트 콘트랙트(Smart Contract)

계약 내용을 미리 작성해 놓고 해당 계약의 조건이 충족되면 계약이 이뤄지도록 하는 시스템이다. 이더리움이 대표적으로 쓰이며 가상화폐가 자동으로 이체될 수 있도록 한다.

41. 스캠(Scam)

'신용 사기'를 뜻하는 단어인 스캠은 원래 도박판에서 상대방을 속이는 행위를 의미한다. 통상적으로 암호화폐 업계에서는 투자자들에게 거짓된 내용을 말해 투자자를 현혹해 투자금을 유치한 뒤 파산하거나 잠적하는 행위를 뜻한다. 그럴 경우 투자자들은 큰 피해를 보게 된다. 이때 발행하는 코인을 '스캠 코인(Scam Coin)'이라고 한다.

42. 스테이킹(Staking)

자신이 보유한 암호화폐의 일정량을 노드에 예치하고 블록 생성에 대한 보상을 받는 것이다. 블록체인 플랫폼의 운영 및 검증에 참여하고 예치 기간 동안 일정 수준의 수익인 스테이킹 리워드(Staking Reward)를 얻을 수 있다.

43. 시드 문구(Seed Phrase)

지갑을 처음 생성할 때 주어지는 문구로 이 문구를 알아야 지갑에 접속해 코인을 송금할 수 있기에 절대로 타인에게 알려주면 안 된다. 해킹의 우려 때문에 컴퓨터나 휴대폰에 저장하기보다는 개인의 하드디스크나 공책에 수기로 작성해 둔다.

44. 아마(AMA: Ask Me Anything)

'무엇이든 물어보라'는 뜻으로 'Q&A'를 하는 것이다. 재단과 구성원과의 질문과 답변 소통 방식이다.

45. IDO(Initial Dex Offering)

Dex=Decentralized exchange. 탈중앙화 거래소를 의미하며 중앙화된 거래소가 코인 개발자와 투자자 간의 거래에 관여하는 것이 아니라, 코인 개발자가 개인 지갑으로 코인을 바로 주는 것이다. 개인이 지갑을 생성해 개인 간의 코인 거래가 가능하다. DAO, 유니스왑, 스시스왑 등이 있다.

46. ICO(Initial Coin Offering)

주식시장의 기업공개 IPO와 유사한 개념으로 백서를 공개한 후 신규 암호화폐를 발행해 코인을 공개하는 것이다. 가상화폐를 개발한 팀이 자체적으로 진행하며 투자자들로부터 상업 자금을 모금하는 방식이다. '아쇼'라고도 한다. 코인리스트가 대표적인 예이다.

47. IFO(Initial Farm Offering)

탈중앙화 거래소에 코인을 저축해서 보상으로 코인(이자)을 받는 방식이다. 클레이스왑, 유니스왑, 팬케이스왑 등이 있다.

48. IEO(Initial Exchange Offering)

가상화폐를 개발한 팀이 자체적으로 진행하던 ICO를 거래소에서 대행하는 개념이다. 거래소 상장 직전에 일정한 자격 조건을 갖추고 거래소를 통해 토큰을 판매한다. 거래소 플랫폼을 통해 상장하기 때문에 스캠 우려가 거의 없다. 바이낸스, 바이빗, 후오비 글로벌 등이 있다.

49. 아트(Art)

말 그대로 미술을 뜻한다. 많은 작가가 디지털로 작품 활동을 하게 되면서 완성된 디지털 작품을 판매하기 위해 고유한 번호를 붙이는 것이 바로 NFT 작업이다. 기존에 유명했던 작가의 작품은 말할 것도 없고, 신생 작가의 작품도 고가에 거래가 되는 사례를 보며 많은 사람이 거래뿐만 아니라 작품을 만드는 작가의 영역에도 관심을 두고 있다.

50. 알트코인(Altcoin)

'Alternative Coin'의 줄임말로 암호화폐 시장에서 비트코인을 제외한 모든 종류의 암호화폐를 말한다. 이더리움, 리플, 라이트코인 등이 있다.

51. 암호화폐

가상화폐는 현실의 지폐나 동전과 같은 실물이 없이 네트워크로 연결된 특정한 가상공간에서 전자적 형태로 사용되는 디지털 화폐 또는 전자화폐를 말한다. 암호화폐는 가상화폐의 일종이라고 볼 수도 있다.

52. 에디션(Editions)

1/1 art와 반대되는 말로 고유한 단일 NFT가 아니라 1개 이상의 NFT 복사본을 뜻한다. 복사본이라고 원본과 다를 것이 없으며 각 에디션은 고유 식별자를 가진 NFT로 발행된다. 수량이 미리 정해진 '리미티드 에디션(Limited Edition)'과 제한된 시간 내에 수요가 있는 만큼 공급하는 '오픈 에디션(Open edition)'이 있다.

53. 에어드롭(Airdrop)

'Air'(공중) + 'Drop'(떨어뜨리다). 즉 NFT를 무료로 나눠 주는 것을 말한다. 특정 코인 혹은 NFT 등을 갖고 있는 대상자, 혹은 이벤트 당첨자 등에게 코인이나 NFT 등을 지급하는 행위이다. 무료로 나눠주는 목적은 마케팅을 위해서이기도 하고 프로젝트를 홍보하거나 커뮤니티를 활성화하기 위해서이다. 수집가는 간단한 이벤트에 참여해 무료로 NFT를 받을 수 있어서 좋고, 프로젝트팀은 홍보효과를 극대화할 수 있기에 서로 윈윈할 수 있다.

54. 에이프 인(Ape in)

NFT를 덜컥 사는 행위를 말한다.

55. 에프티(FT: Fungible Token)

'Fungible'(대신할 수 있는) + 'Token'(화폐 대용으로 쓰는 토큰)으로 '대체 가능한 토큰'이라는 뜻이다. 쉽게 이야기해서 우리가 사용하는 '돈'과 같다. 1비트코인은 다른 1비트코인으로 완전히 대체가 가능한 것이며 NFT와 반대되는 개념이다.

56. 에프피(FP: Floor Price)

'Floor'(바닥) + 'Price'(가격). 즉 해당 NFT 작품 브랜드 가운데 바닥가(최저가)를 뜻한다. 통상 특정 NFT 브랜드의 가격을 글로벌 NFT 시장에서 이야기할 때 "Floor Price가 얼마인가요?"라는 말이 자주 나올 만큼 Floor Price는 NFT 시장에서 흔히 쓰이는 용어 중 하나이다.

57. 엔에프티(NFT: Non-Fungible Token)

'Non'(~ 않다) + 'Fungible'(다른 것으로 대신할 수 있는) + 'Token'(화폐 대용으로 쓰는 토큰)으로 '대체 불가능한 토큰'을 의미한다. 음악, 그림, 사진 등의 디지털 작품들을 블록체인 상에 기록해 암호화된 고유 일련번호를 부여한 것이다. 이를 통해 디지털 작품의 '원본'과 '소유'를 증명한다. 판매가 이뤄지면 소유권의 이동이 모두 기록에 남기 때문에 투자나 수집을 하기 위해 활용된다.

* 엔에프티(NFT)와 에프티(FT)의 차이

가상자산에 대해 1:1로 대체할 수 있느냐, 없느냐의 차이이다. FT의 경우 1비트코인은 다른 1비트코인으로 완전히 대체할 수 있지만, NFT는 그런 공식이 성립하지 않는다.

58. 엘에프지(LFG)

'Let's Fucking Go'의 약자이다. 특정 NFT 커뮤니티 내에서 해당 NFT 컬렉션의 Floor Price가 빠르게 상승 중이라면, 다 같이 'LFG! LFG!'를 외친다. 또는 커뮤니티가 어떠한 프로젝트를 시작할 때도 LFG를 외친다. 어떤 큰 뜻이 있기보다는 한국에서 '가즈아'를 사용하는 것과 동일한 의미라고 보면 된다.

59. 오지(OG-Original Gangster)

초기 시장에 진입한 사람들로 일찍 해당 생태계에 들어와서 자리를 잡은 사람을 의미한다. 아무래도 일찍 들어왔기 때문에 이익을 봤을 가능성이 높다.

60. 오퍼(Offer)

가격을 제안하는 것을 말한다. 오퍼를 통해서는 추첨, 경매 등 다양한 방법의 거래가 이뤄진다.

61. 오픈씨(Opensea)

최대 NFT 거래소로 전 세계 아티스트들이 작품을 이곳에 올린다.

이곳에서 수집가들은 2차 구매나 2차 판매 등을 할 수 있다. 또는 본인이 현재 소장 중인 NFT 조회도 가능하다. 보통 오픈씨에서 이뤄지는 2차 거래는 1차(민팅)보다 더 높은 가격을 형성하게 된다. 따라서 마음에 드는 프로젝트가 있다면 적극적으로 민팅에 참여하고, 이를 놓쳤을 때 오픈씨에서 2차 구매를 하는 경우도 있다.

62. 와그미(WAGMI: We All Gonna Make It)

'우리 모두 할 수 있다' 정도의 의미로 힘을 돋우며 파이팅 하는 말이다.

63. UAYOR(Use At Your Own Risk)

'너의 리스크는 네가 감수해'라는 뜻이다.

64. 이더리움(Ethereum)

비트코인이 2009년 탄생한 1세대 화폐라면, 이더리움은 2014년 탄생한 2세대 가상화폐로 기존 비트코인의 돈을 거래할 수 있는 기능에 계약 시스템이 추가된 것이다.

65. 잉글리시 옥션(English Auction)

시간이 지나면 낙찰가가 올라가는 형식의 경매이다. 우리가 흔히 진행하는 경매 방식으로 희귀한 아이템이 있을 때 자주 사용된다.

66. GM(Good morning), GN(Good night)

말 그대로 굿모닝은 '좋은 아침' 굿나잇은 '잘 자'라는 의미이다. NFT 시장에서만 사용하는 것으로 줄임말은 아니지만 커뮤니티에서 흔히 쓰는 말이다. NFT 시장에서는 기존 가상자산 시장과는 다르게 가격 변동 얘기뿐만 아니라 커뮤니티 간의 활발한 소통이 이뤄진다. 이런 NFT 생태계에서 커뮤니티 멤버끼리 하루를 시작하고 마무리하며 안부를 묻는 문화가 자리 잡게 됐다.

67. 채굴

비트코인과 같은 암호화폐의 거래 내역을 기록한 블록을 만들고 대가로 암호화폐를 얻는 행위를 말한다. 작업증명(PoW: Proof of Work) 등 일부 합의된 알고리즘을 사용하는 분산 원장 시스템에서 원장 내의 새로운 기록을 생성하고 그에 대한 보상으로 암호화폐를 얻는 것이다.

68. 챗굴

'채팅 + 채굴'의 합성어로 디스코드에서 특정 등급이나 화이트 리스트 등 이익을 얻기 위해서 하는 채팅 활동을 말한다.

69. 카이카스(Kaikas)

NFT를 사고팔 수 있도록 가상 화폐를 거래하는 지갑으로 클레이튼 (Klaytn) 기반의 디지털 자산을 관리할 수 있는 지갑이다.

70. 컬렉션(Collection)

특정 콘셉트의 작품들을 모아놓은 것을 의미한다. 물론 모으는 기준은 사람마다 다르다.

71. 코인(Coin)

어느 한 플랫폼에 종속되지 않고 독립적 블록체인 네트워크인 메인 넷을 확보한 암호화폐이다. 지불수단 역할과 독자적인 생태계를 구성하고 있어 다양한 기능을 수행할 수 있다. 비트코인, 이더리움, 코스모스, 카다노, 솔라나 등이 있다.

72. 크립토 네이티브(Crypto native)

NFT 시장을 주도하는 사람들로 블록체인 기반의 가상화폐와 가상자산에 일찍부터 관심을 가진 사람들이다. NFT 기업 창업자와 투자자들이 많다.

73. 클레이스왑(Klayswap)

클레이튼 기반의 코인들끼리 서로 쉽게 전환이 가능하도록 하는 일종의 서비스를 말한다.

74. 클레이튼(Klaytn)

카카오의 블록체인 계열사인 그라운드X가 자체 개발한 블록체인 플랫폼이다. 비트코인과 이더리움에 비해 정보 처리 시간을 단축해 이용자 환경(UX)의 획기적 개선을 강점으로 내세웠다. 참고로 클레이튼 기반의 암호화폐를 '클레이(Klay)'라 한다.

75. 클립지갑(Klip)

카카오에서 기본으로 제공하는 모바일용 암호화폐 지갑이다..

76. 테스트 넷(Test Net)

실제 블록체인 네트워크에 적응시키기 전에 테스트하는 환경으로 메인 넷과 같은 구조의 임시 네트워크이다. 즉 독자적인 플랫폼으로 자리 잡을 수 있는지 테스트하는 것을 말한다.

77. 테조스(Tezos)

블록체인 거버넌스 문제를 해결하고자 하는 코인으로 커뮤니티 요구에 따라 거버넌스의 규칙을 바꿀 수 있는 프로토콜을 설계했다. 이오스, 에이다와 함께 3세대 대표 암호화폐로 불린다.

78. 토크노믹스(Tokenomics)

'토큰 + 이코노믹'의 합성어로 코인의 경제구조를 말한다. 어떤 방식으로 코인이 흐르고 있고 분배가 이뤄지는지를 알 수 있다.

79. 토큰(Token)

독립적 블록체인 네트워크인 메인 넷을 미 확보한 것이 코인과의 차이이다. 지불수단 역할 외에 기능이 협소하며 그 대표적인 예가 NFT이다. 코인과 다르게 코인 위에서 특정 목적을 달성하기 위해 활용되는 암호화폐이다. 블록체인에 저장된 특정 자산이다. 기존 주식이나 채권은 정부나 기관이 만들어준 정규 시장이 있지만, 그런 게 없는 시장은 토큰이 비정규 시장의 역할을 수행하고 있다.

* 토큰(Token)과 코인(Coin)의 차이
독립된 블록체인 네트워크인 '메인 넷'을 갖고 있느냐 없느냐가 그 차이이다. 독립적으로 발행된 블록체인 네트워크가 구성되지 않은 암호화폐는 '토큰'이며, 독립적으로 발행된 블록체인 네트워크가 구축된 암호화폐는 '코인'이라고 부른다.

80. 투더문(To The Moon)

한국말로 '떡상하다'와 같은 표현으로 가치가 갑자기 상승하는 것을 말한다. Forbes의 기사 제목으로도 쓰일 정도로 커뮤니티에서 많이 사용한다.

81. 트잭, 트랜잭션(Transaction)

블록체인 내에서 일어나는 거래 업무 처리의 최소 단위로 트랜잭션을 살펴보면 어떤 거래가 일어났는지 파악이 가능하다.

82. 티비엘(TVL : Total Value Locked)

총 예치 자산 규모로 얼마나 많은 자금이 예치돼 있는지를 알 수 있다. 이 숫자가 클수록 큰 생태계를 가졌다는 의미이고 더 많은 사람들이 신뢰를 하고 있다는 뜻이다. NFT 프로젝트 신뢰성을 알아보거나 디파이 생태계에서 중요한 지표로 활용된다.

83. 파운데이션(Foundation)

오픈씨(OpenSea)와 같이 NFT를 거래하는 2차 마켓이다.

84. 퍼드(Fud: Fear, Uncertainty, Doubt)

불안, 불확실성, 의심의 줄임말로 코인 가격이 떨어지거나 프로젝트가 잘 진행되지 않을 때 사용한다.

85. 퍼블릭 세일(Public sale)

누구나 참여 가능한 NFT 판매 방식이다. 보통 프리 세일 이후 퍼블릭 세일을 진행한다.

86. 페이퍼 핸즈(Paper Hands)

'종이처럼 가벼운 손'이라는 뜻으로 NFT를 사자마자 팔아버리는 사람들을 말한다. 단타 투자자들을 말하기도 한다. 반대말은 '다이아몬드 핸즈(Diamond Hands)'이다.

87. 펜딩(Pending)

NFT나 코인을 살 때 지연되는 경우를 말한다.

88. 포모(FOMO-Fear of Missing Out)

놓치는 것(Missing Out)에 대한 두려움(Fear)이라는 의미이다. 주로 수요 대비 특정 제품의 공급량을 줄여서 소비자를 조급하게 만드는 기법을 뜻한다. NFT는 처음 민팅(발행)을 할 때부터 발행량이 정해져 있다. 따라서 많은 NFT 프로젝트는 민팅 이전부터 미리 FOMO를 형성하기 위한 마케팅 전략을 구사한다. 이때 한정된 발행량을 바탕으로 NFT의 가격이 급등하면서 FOMO가 일어난다.

89. 폴리곤(Polygon/Matic)

이더리움 기반의 알트코인이다. 이더리움의 단점인 느린 전송속도와 비싼 수수료를 보완했다.

90. 폴카닷(Polkadot)

폴카닷은 인터체인으로 각기 다른 블록체인 간의 원활한 연결을 목표로 하는 프로젝트이다. 기존 블록체인의 문제점인 트랜잭션 처리량과 속도 제한, 블록체인 간 어려운 교류, 확장성 문제를 해결하기 위해 상호 운용성, 확장성, 보안 자원 공유라는 특징을 내세웠다.

91. 프리 세일(Pre-sale)

퍼블릭 세일(Public sale) 이전에 판매하며 보통 퍼블릭 세일보다 가격이 저렴하다. 누구나 참여하는 것이 아니라 특정 NFT를 갖고 있거나 화이트 리스트에 있는 사람을 대상으로 판매한다.

92. 피에프피(PFP: Picture For Profile)

'프로필을 위한 그림' 즉 프로필 사진이다. NFT 커뮤니티에서 활동하면 '크립토펑크(CryptoPunks)'와 '지루한 원숭이들의 요트클럽(BAYC: Bored Ape Yacht Club)'을 자신들의 프로필 사진으로 설정해 놓은 유저를 흔히 볼 수 있다. NFT 기반의 이미지를 자신의 프로필 사진으로 설정함으로써 온라인상에서 자신의 아이덴티티를 구축하는 것이다.

93. 피투이(P2E: Play to Earn)

'Play'(게임 놀이 등을 하다) + 'to' + 'Eran'(돈을 벌다). 즉 게임을 하면서 돈을 벌 수 있는 것을 의미한다. NFT와 함께 작년 화제의 키워드로 자리매김하며 인기 투자 대상이다. 게임을 해서 획득한 재화나 아이템 등이 블록체인 생태계에서 자산으로 활용된다. P2E 게임의 경우 게임을 해서 주어진 아이템이나 코인 등의 소유권이 블록체인에 기록된다. 대부분 NFT나 가상자산이 적용된 블록체인

을 기반으로 하고 있기에 게임으로 획득한 것들을 가상자산으로
사고팔며 수익을 낼 수 있다.

94. 핑프(Finger Princess)

'핑거 프린세스'의 줄임말로 직접 알아보지 않고 손가락만 눌러서
정보를 얻으려 하는 사람들을 칭한다.

95. 하드 포크(Hard Fork)

블록체인 프로토콜이 어느 한 시점에서 급격하게 변경되는 것을
의미한다. 잇따라 연결된 체인이 어느 한 시점에서 두 갈래로 갈라
지는 경우로 개발자들이 이전 버전의 프로토콜에서 심각한 보안상
취약점을 발견했을 때나 소프트웨어에 새로운 기능을 추가할 때가
있다. 한편 참여자 중에서 새로운 체인의 경로를 따를 자는 소프트
웨어를 업그레이드해야 한다.

96. 하잎(Hype)

'핫한, 인기가 많은' 이란 뜻이다.

97. 해시(Hash)

블록체인을 구성하는 기본 기술로 문서를 요약하고 고유 값을 자
동으로 생성하는 기술이다.

98. 핸드 픽(Hand Pick)

화이트 리스트 대상자를 판매 관리인이 지정해 주는 것이다.

99. 화리, 화이트 리스트(WL: White List)

화이트 리스트는 줄여서 '화리'라고도 한다. 특정 NFT를 우선으로
살 수 있거나 또는 원래보다 싸게 살 수 있는 권한을 가진 사람들
의 목록이다. NFT 커뮤니티에서 활발하게 활동하면 화이트 리스
트에 올라갈 기회가 주어진다. NFT를 사지 않고 무료로 얻을 수
있는 방법의 하나이기도 하다. 그래서 특정 화이트 리스트에 들기
위해서 많은 사람이 디스코드를 초대하는 등의 행위를 한다. 블랙
리스트와 반대 의미이다.

100. 1/1 art

세상에 딱 1개만 존재하는 특정 작품의 NFT를 말한다. 1/1 art는
개별 작품당 1개의 NFT만 존재하기 때문에 희소성이 있어 가격이
대체로 높게 책정된다. 단, 가격이 높은 반면 단점이 있다. NFT가
1개뿐이고 유명세를 치르게 될 경우 가격이 매우 비싸진다는 점이
다. 얼핏 보면 높은 가격이 마냥 좋을 것 같지만 그러다 보면 거래
량이 극히 적어질 수 있다. 거래량이 적어지면 수수료 발생 횟수가
그만큼 줄어든다는 얘기이다.

참고문헌

홍기훈 저, "NFT 미래수업", 한국경제신문, 2022.

이규원 저, "NFT 미술과 아트테크", 북스토리지, 2022.

장세형 저, "NFT 실체와 가치", 위키북스, 2022.

성소라 외 공저, "NFT 레볼루션", 더퀘스트, 2021.

맷 포트나우 외 공저, "NFT 사용설명서", 여의도책방, 2021.

넌펀저블닷컴, http://nonfungible.com

메타마스크, metamask.io

오픈씨, https://opensea.io

라리블, rarible.com

파운데이션, foundation.app

니프티게이트웨이, niftygateway.com

슈퍼레어, superrare.com

NBA톱샵, nbatopshot.com

베브, veve.me

CCCV, https://cccv.to

크래프터스페이스, krafter.space

선미야클럽, https://sunmiya.club

비플, https://www.beeple-crap.com

마리킴, http://marikim.net

08AM, https://www.08am.net

BAYC, https://boredapeyachtclub.com

크립토펑크, https://www.larvalabs.com

댑레이더, https://dappradar.com

시사위크, https://www.sisaweek.com

코드스테이트, https://www.codestates.com

고뱅킹레이츠, https://www.gobankingrates.com

온사이버, https://oncyber.io/

디센트럴랜드, https://decentraland.org/

메가스터디IT아카데미, "현금없는 사회, 디지털 지갑이 뜬다.",2022.3.23.

SHIN&KIM, "NFT와 저작권-디지털 아트를 중심으로", 2022.2.8.

고용노동부 공식블로그, "지금 가장 핫한 단어, '메타버스 & NFT' 관련 직업은?", 2022.2.4.

유튜브 티타임즈TV, '나이키는 가만히 앉아서 돈 벌 수 있다' 2022.1.14.

서울신문, "왜 구매하는지 나도 몰라"···NFT 셀카 사진으로 돈방석 앉은 인니 대학생. 송현서 기자, 2022.1.19

블로터, "ㄱ나니?" 다음달 문 여는 싸이월드, 메타버스·NFT로 발뻗는다. 김인경 기자, 2021.11.17

블록21, NFTiger 최초의 NFT 미술품 거래 - '마음의 초상(Portrait of a Mind)', 2021.11.3.

코인데스크, "아직도 낯설고 설레는 크립토 세상", 2021.10.5.

서울문화재단 공식 블로그, '남다른 젊음이 미술계에 불어넣은 활기: MZ세대 미술 시장 참여', 2021.9.6

샘정티스토리,대체가능한토큰(FT)과의 비교를 통해 알아본 대체불가능한토큰(NFT),샘정, 2021.7.12.

네이버블로그, 자유를 위한 리스트, "디지털화폐 어떤 종류가 있을까?", 2021.7.5.

테크엠."③'회색지대' NFT, 저작권 보호 '시급'...가상자산 교훈 잊지 말아야", 이성우 기자, 2021.6.21.

Naver포스트(세계일보), "급등한 집값에 '화들짝'··· 주식·가상화폐 등에 과감히 '베팅' [변화의 중심 MZ세대]", 2021.4.20.

KB금융경영연구소 '블록체인 시장의 다음 메가트렌드, NFT', 김회민, 2021.3.2.

스팀코인팬, 텍스트 기반 NFT, harryji, 2021.3.

The Are Market 2021 리포트, 전 세계 미술 동향 조사 보고서

투이컨설팅, "종이화폐에서 디지털화폐(CDBC)로의 화폐 개혁은 가능할까?", 고은아, 이유라, 2020.12.22.

하양이아빠의 암호화폐이야기,이더리움 전송 수수료 급증 '가스(Gas), 기위(Gwei)' 간단하게 이해하기, 2020.7.21.

한국은행, "중앙은행 디지털화폐", 2019.1.

중앙일보, "중앙은행 디지털화폐 무엇인가요...블록체인 등 기술 이용, 액면 금액 정한 법정화폐", 하현옥 기자, 2018.2.13.

(사)한국NFT협회

NFT강사/NFT아트에이전트/NFT전
문인력양성

사단법인 한국NFT협회

사단법인 한국NFT협회는 NFT강사 NFT아트에이전트 등 NFT전문인력을 양성하는 단체 입니다. 사단법인 4차산업혁
명연구원 및 한국메타버스연구원과 함께 합니다.

사단법인 한국NFT협회

NFT 강사 양성과정 문의

홈페이지: https://konftorg.modoo.at

e-mail: mdkorea@naver.com

눈 떠보니
NFT 마스터

NFT(Non-Fungible Token) 활용 가이드

2022년 8월 22일	1판	1쇄	인 쇄
2022년 8월 30일	1판	1쇄	발 행

지 은 이 : 최재용, 안유미, 김수연, 김주현, 김영호

펴 낸 이 : 박   정   태

펴 낸 곳 : 광   문   각

10881
파주시 파주출판문화도시 광인사길 161
광문각 B/D 4층
등   록 : 1991. 5. 31 제12 - 484호
전 화(代) : 031-955-8787
팩   스 : 031-955-3730
E - mail : kwangmk7@hanmail.net
홈페이지 : www.kwangmoonkag.co.kr

ISBN : 978-89-7093-261-3   93000

값 : 20,000원

한국과학기술출판협회
Korean Science & Technology Publisher Association

저자와 협의하여 인지를 생략합니다.